當好人，你手裡要有刀

姚林君

人總是喜歡口不對心。
因為害怕別人說自己虛榮任性，
所以又窮又愛裝，想被疼愛又想被誇獨立，
後果就是彆扭地委屈自己。

沒錢，從來不是一件羞恥丟人的事，
因為窘迫而盡力掩飾，這才是難看的姿態。

他們在誇一個人走運的時候，
其實都在否定另一個人的努力。
沒有一個人的包容承擔和不離不棄，
就沒有另一個人的成功。

胸懷都是被委屈撐大的。
你真乖、真大方、真懂事，
不少這麼說的人只是想占你便宜，
讓你在利益面前退步。

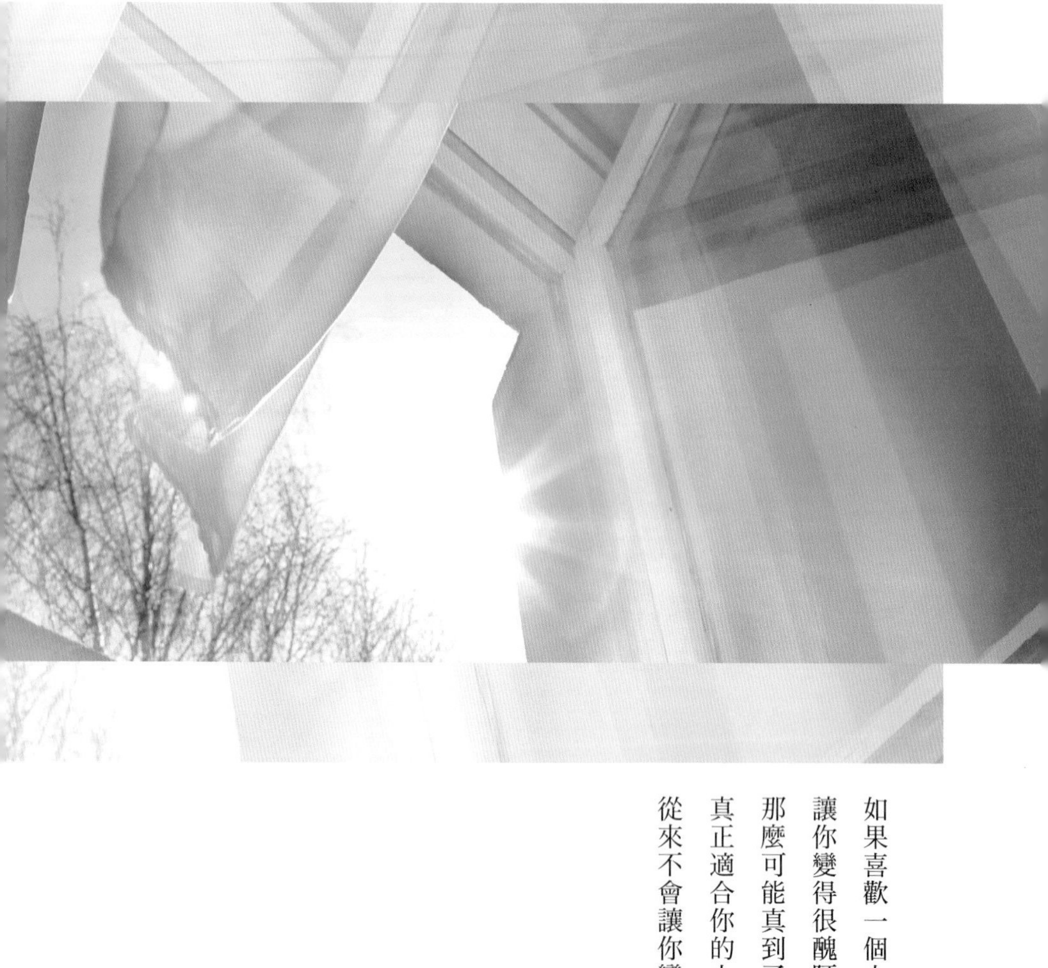

如果喜歡一個人，
讓你變得很醜陋，
那麼可能真到了該離開的時候。
真正適合你的人，
從來不會讓你變得充滿負能量又不快樂。

每一段無疾而終的遠距離戀愛，
必定都是這樣死掉的：
一個不問，一個不說。
一個不停，一個不追。

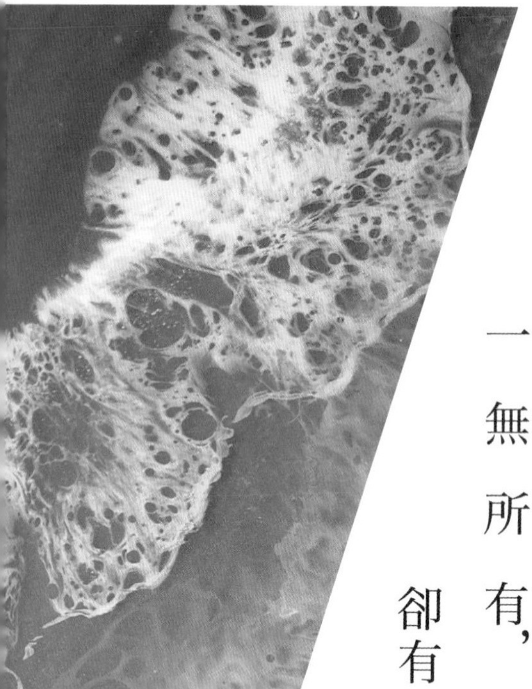

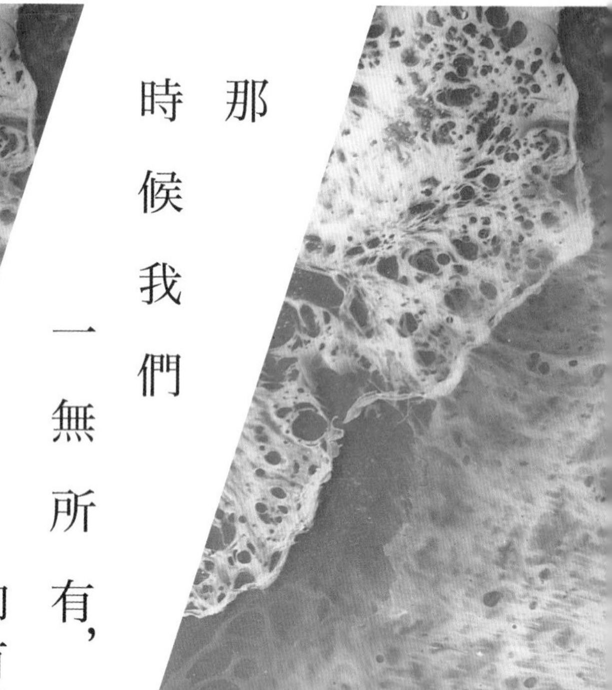

那時候我們
一無所有，
卻有勇氣給對方
整個世界。

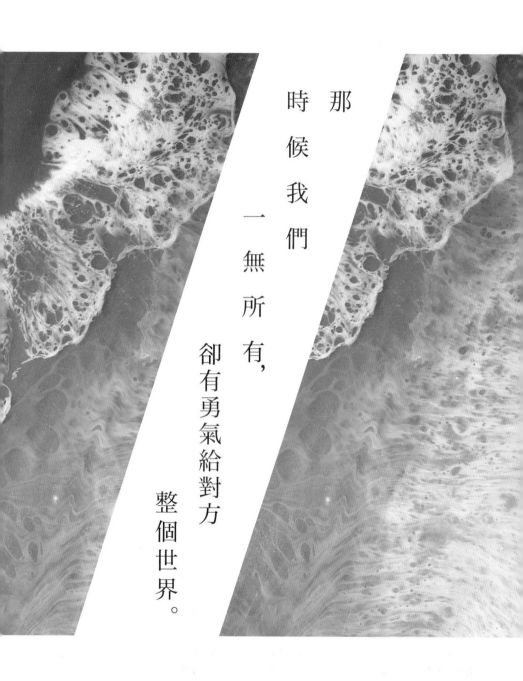

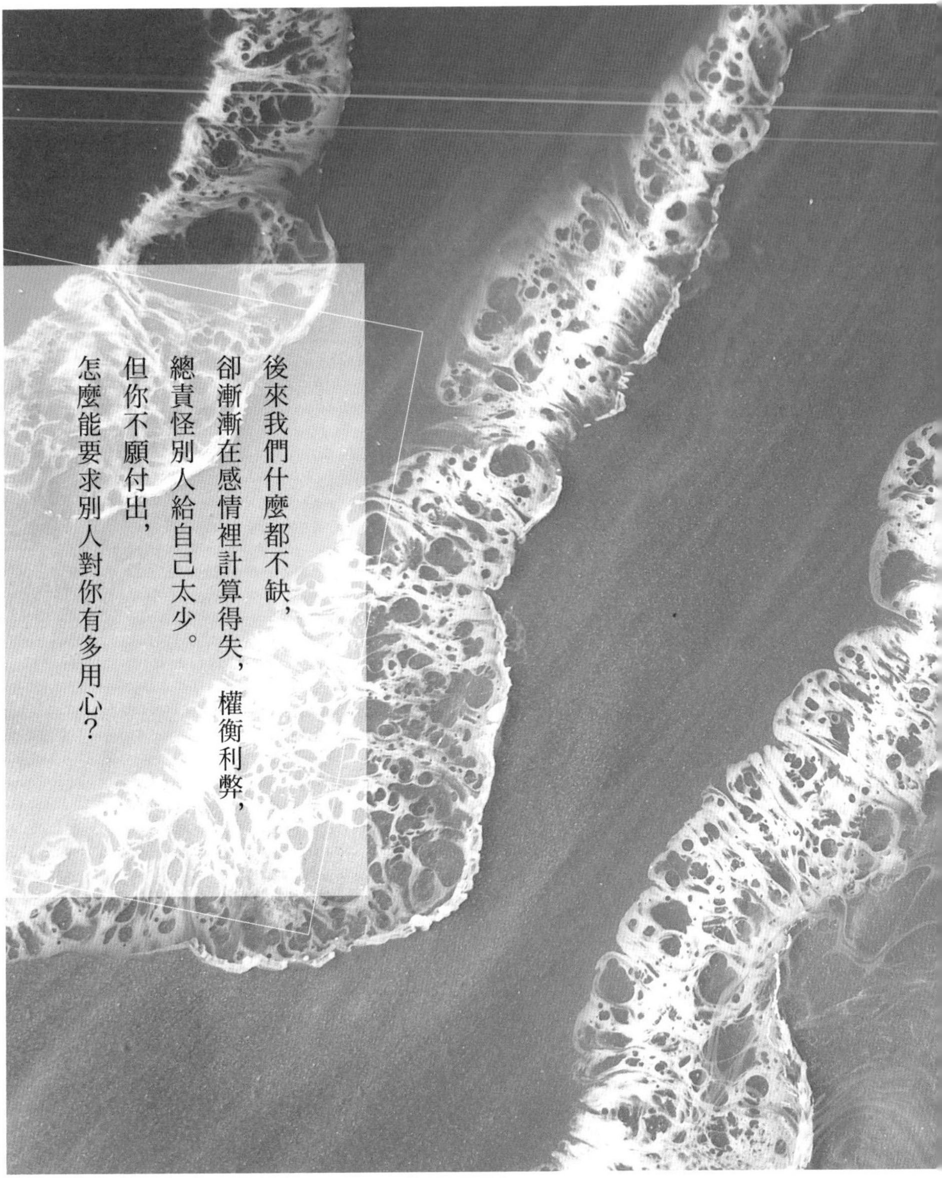

後來我們什麼都不缺，
卻漸漸在感情裡計算得失，權衡利弊，
總責怪別人給自己太少。
但你不願付出，
怎麼能要求別人對你有多用心？

孤獨從來不會毀掉一個人。
把自己的頭奮力塞進一個不適合自己的圈子，
佯裝自己不孤獨，這才會毀掉一個人。

想做的事情馬上去做吧，
自卑是無用的，錯了重來就是了，
錯過才是人生最大的痛苦。
前半生不要怕，後半生不要悔。

結婚確實會犧牲一部分自我，
但是這應該全都出於愛，
而不是被不相關的人綁架。

不要否定一個人的所有努力，
即使他沒有做到一百分，
也不代表他就不愛你。
因為哪怕是你自己，
也不一定能做到完美。

等到離開了不能回頭時，
你才會明白，
自己內心真正想要的，
到底是什麼。

一段關係裡先鬆手的那個人，
也會承受巨大的壓力和非議。
所以越懦弱的人越喜歡拖著不說，
直到最後兩敗俱傷。

目錄

Part 1

當好人，你手裡要有刀

Part 2

他只愛你高跟性感，卻從不關心你磨不磨腳

目錄

Part 3

最後我們沒有在一起

Part 4

做自己是人生終極目標

Part 1

當好人，你手裡要有刀

別打著自由的旗號，讓人遷就你的浪蕩

弦子問我，她是不是真的管男朋友管得太嚴了。

公司接了個新案子，她每天忙於加班。男朋友嫌一個人在家裡無聊，經常外出去酒吧跳舞喝酒。她打電話過去，不僅聽到他正大著舌頭吆喝，偶爾還能聽到電話那頭有女生笑得花枝亂顫。

弦子加班回來，家裡總是冷冷清清，一片死寂。直到凌晨兩三點，男朋友才拖著醉醺醺的身體回家。

為了這類問題，弦子跟男朋友吵過多次：有女朋友的人了，能不能少跟異性喝酒，出門之前先給我打個電話？平時晚上出去喝點，週末再怎麼說也要待在家裡陪我吧。你這是正在戀愛的人的樣子嗎？

結果他理直氣壯，聲音比她還大：「你就不

能有點自己的生活嗎？我這麼大人了還管得這麼嚴，就不能給我點自由？」

我聽完弦子轉述的這句就笑了。

自由？一個找了女朋友談了戀愛的人，大言不慚跟人談自由？

我這麼說不是沒來由的。熟悉我的人都知道，我以前也是個喜歡舉著自由大旗不服管束的人。射手座嘛，以崇尚自由出名。

比如穿什麼吃什麼，用什麼玩什麼，做什麼怎麼做——誰也不能管，誰也管不著。說好聽點叫隨性，說難聽點可能是自私吧。

所以大學剛和劉彥祖在一起時，我還是會跟單身的時候一樣，偶爾和男生尬聊。我也經常會撇下他，和朋友玩到很晚。他打電話給我要我早點回寢室，我會嫌煩。

為了這些雞毛蒜皮的事，他跟我爭執了很多次。後來他也跟我坦白，說當時無數次想過要分手。因為我實在是一匹野馬，太難管了。

曾經我也覺得他小題大做，覺得怎麼老是被他束縛啊，還不如單身的時候呢。直到後來他開始學我，跟哥們出去一喝酒就到後半夜。電話打半天不接，不然就是胡亂應幾句掛掉。心急如焚的我抱著腿盯著手表，看時間慢慢流逝。

我也會打電話催他回來，他那不耐煩的語氣，讓我終於明白了他以前是什麼感覺。

有些道理不是感同身受，可能真的不會懂。

很早以前在網路上看過一篇文章。

女生說遠距離的男朋友執意要跟異性「閨密」一起合租房子，說這樣比較省錢。她不同意，男朋友就發脾氣說不信任他，不給他自由。

後來經過長時間的溝通，女生終於妥協了，因為她覺得愛情裡最重要的就是相互信任，信任是感情的基石。

後來男朋友就被她信任到女室友的床上去了。

我看完覺得十分搞笑，一個值得信任的人，是不會對遠距離的對象提出要跟異性朋友合租這種荒唐要求的，就好像一個每天跟別人搞曖昧的男生，被女朋友查手機了，還嚷嚷著女朋友不信任自己一樣搞笑。

戀愛裡的自由，實際上恰恰是建立在相互自律的基礎上。如果你給夠了安全感，誰會一天到晚閒著沒事限制對方自由呢？如果你給夠了安全感，誰會不給你信任呢？

就好像小時候我爸媽叫我在書房做作業，我卻偷玩電腦。我媽在門外窺視發現了，火冒三丈，衝進來把我打成豬頭。

我大哭：「媽，你偷看我，你不信任我！你一直管我，你不給我自由！」

請問每天嚷嚷著不自由的你，真的做到自律了嗎？而在戀愛裡口口聲聲失去自由的你，都做了些什麼事呢？

男生，死也不讓女朋友看手機，對在社交圈裡曬恩愛深惡痛絕；跟異性好友搞曖昧，丟下女朋友一起去旅遊；一到晚上就不回訊息不接電話，還說討厭被查勤，覺得你太黏人讓他沒有自己的空間。

女生呢，花男朋友的錢如流水，從來不管另一半死活；有了對象以後還跟單身一樣，不顧對象感受，徹夜跳舞喝酒，跟以前的追求者保持密切聯繫，一被質疑就說還是一個人好，自由沒人管。

說真的，你們這樣子，真的看不出來是在談戀愛。

愛情是什麼？在我眼裡，它不只是兩個人互相欣賞、扶持，也是互相遷就、犧牲。甚至包括，犧牲一部分的自由。

因為我在意你的感受，所以我主動和你以外的任何異性都保持距離；因為我不想你猜測難過，所以我的手機、電腦密碼全部告訴你，你隨時可以查看我任何的通訊工具；因為我希望你父母喜歡我，所以我願意在去你家的時候，收起我的任性潑辣，心甘情願做出乖巧的樣子。

做任何事的時候都能想到另一半的感受，不光是體諒，也是一種尊重。沒有規則約束的自由不是真正的自由。有些管束不是占有欲，是因為關心。

愛情永遠是兩個人的事情。心甘情願被束縛，這才是愛情。

最可惡的就是打著自由的旗號，讓別人來遷就你的浪蕩。

所以有些人啊，能不能有點戀愛道德？想無底線瘋玩就保持單身，想戀愛就多點責任感和體諒，這很難嗎？那些每天喊著要自由要空間的，怎麼不單身呢？一個人最自由了。沒人管你，沒人在意你，想跟誰約會就跟誰約會，想幾點起床就幾點起床。

你說我管得嚴，那我給你自己的時間和空間。恭喜你，以後的時間都屬於你自己了。只有我，再也不屬於你了。

戀愛了還每天嚷嚷著要自由的人，請你玩夠了再找對象，別禍害別人。

不是我拜金，是你太 Low

前兩年，我去參加了一場婚禮。

新娘是我朋友的閨密，我單純跟過去蹭飯。新娘蠻好看的，新郎卻長得有些顯老。雖然外型看起來不太相配，但看得出很相愛。兩人對視時，甜蜜都快溢出來了。

婚禮上，新郎單膝下跪替新娘戴上戒指、表白，我站在台下聽得熱淚盈眶。

原本是一段很完美的姻緣，後來我卻聽到了這樣的揣測：

「這小女生心機重啊。這麼年輕漂亮就結婚了，不就是看中他家有錢？」

「聽說她家是鄉下來的，聘禮就收了六百萬。嫁過去應該也不幸福，這跟賣身有什麼兩樣啊？嘖嘖。」

但實際情況並不是這樣。

我聽朋友講，新郎追了新娘兩年，女生一直無動於衷。直到她父親生了場大病，新郎像兒子一樣，一直盡心盡力在病榻前照顧。人品打動了她，這才終成眷屬。

而且女生家裡並不比男生家差。她確實收了六百萬聘禮，結果她爸媽又添了一半的金額做嫁妝，當作他們小家庭的新婚基金。

外人只關心他們眼中所謂的「真相」，不關心你們經歷過什麼艱難險阻的故事，不關心你們感情有多深，不知道這個世界上有種東西叫作愛，只一廂情願地用自己那點狹隘的價值觀，揣測你們的結合。

給人貼標籤總是很容易。好看的女生事業發展好，就一定是被潛規則了；美女嫁的如果不是帥哥，那一定是為了錢。

用自己固執傳統的想法去武斷地看待別人，很多人也覺得沒什麼不妥，畢竟這樣看似能最快「瞭解」別人。

或許有人會質問我：說得跟真的一樣，如果男人既沒錢，再加上又老又醜，漂亮女生會選擇跟他在一起嗎？

我覺得可以用當時朋友的閨密對朋友說的話來回答：「很多人都問我，是不是因為他的經濟能力才和他結婚？我從來沒有否認過。因為良好的經濟基礎，也是我考慮結婚對象的條件之一。

「但是最終他打動我並且讓我決定選擇他，還是因為他的人品和擔當、做事一絲不苟的態度，還有很強的責任感。我身邊很少有男生具備這些優點。這才是他吸引我的地方，而不單單是為了錢。」

也許這才是很多女生想說的話吧。

大多數女生都愛強者，這並沒有什麼可恥的。如果愛情和麵包可以兼得，為什麼要為了滿足你幾句「這女生不拜金」的誇讚，選擇困難模式？

更可笑的是，所有人只要看到一個人有錢，就覺得選擇有錢人的女人很膚淺、俗氣，但是藏在錢背後的，是一個人的見識、能力、努力和魄力。

只愛錢的話，不如嫁給銀行提款機。

在我看來，富有和才華橫溢，美麗和上進優秀，在本質上都屬於一個人的優勢，並不應該有高低之分。

可是現實情況是：喜歡錢就很 low，為對方的才華傾倒就很清高，看外表就是人之常情。錢如果在愛情裡是優勢和附加價值，人們就很容易忽略他們之間的愛情，只能看到錢。

往往只有沒錢的人，才會覺得別人選擇有錢人都是為了錢。

為什麼有些男人會覺得，嫁給有錢人的漂亮女生，都是拜金的？

因為他們既窮，又無能，還仇富，只會每天流著口水意淫美女，覺得漂亮女生找了有錢人就是膚淺虛榮，她們都應該嫁給一無所有、只會在網路上敲著鍵盤亂噴的自己。

他們之中，有些曾有過漂亮優秀的女朋友。在女生因為他們的懶惰和不思進取離開後，這些男生的反應也是「拜金的婊子終於露出了真面目」。

可是我想告訴他們的是：如果你不看臉，大多數女生也不會嫌你沒錢。不是她們拜金，而是你太 low。擇偶標準不高的普通女生你也看不上，那憑什麼覺得顏值爆表的小仙女，就應該愛上一文不名的你？

呵呵，醒醒吧你。

二十多歲的你，還在向父母要錢嗎

上週的一個晚上，我接到了我爸的電話。

當時我很詫異。因為自從某次上班接到他的電話，我語氣很不耐煩後，他就很少再主動打給我。

我盡量用溫和的語氣問他：「爸，找我有事嗎？」

我爸在電話那頭小心翼翼地說：「哦，是這樣的。女兒……你能不能幫我繳一下電話費？我收到簡訊說馬上要停話了，我在外面出差又找不到通訊行。」

他好像是怕我生氣似的，又補了一句：「如果沒時間就不麻煩你了，我待會兒出去找找看。」

我心一酸。都這麼晚了，哪還有通訊行開門？出去怕是會摸黑白跑一趟吧。於是我趕緊回答，有時間，不麻煩，我線上幫你繳，很方便。

掛了電話以後，我在想：到底從什麼時候開始，原本強勢到能給我們擋風遮雨的父母，要我們幫點小忙也變得這麼小心、客氣？

小時候，我家真的蠻窮的。

還記得我媽結婚時的嫁妝是台縫紉機，每天下班以後，她就靠幫別人縫補衣服貼家用。兒時的記憶，總混著腳踩縫紉機的嗒嗒響聲。我爸一直在幫學生補習，能賺一點是一點，原本就羸弱的身子變得更加單薄。現在想起以前的他，總是一副睡眠不足的樣子，紅著眼睛。

但是不管家裡環境多不好，他們在吃穿上面，從不虧待我。我家是我老爹掌廚。小時候我超愛吃肉丸子湯，他經常下班回來後還要拖著疲憊的身軀剁肉。眼看著肉價接連攀升，這道菜也從沒從我家餐桌上消失過。我在我家雖然穿得最醜（我媽審美問題），但是我的衣服一向最好。從保暖的純羊毛，到時尚的牛仔褲、邊走邊亮的球鞋……只要我說想要，我媽都會帶我去買。

印象最深的就是每次參加校外教學，我會死皮賴臉地向我爸要五十塊零用錢，那時候可以說是鉅款了。要是我爸說我最近花太多錢，我就會可憐巴巴地說：「可是班上的同學至少都有五十塊錢……」

他也就只好嘆著氣從口袋摸錢給我，裝可憐這招，百試百靈。因為他們心疼我啊。特別是我爸，在錢上面，從不虧待我。他小心翼翼地照顧著一個小女孩的面子。

有多少孩子，總覺得被父母疼愛是理所應當的，從沒有覺得感恩？

我讀大一的時候，每個月有五千元生活費。按照當時的消費水準，其實綽綽有餘了。但是我幾乎每個月末都還是得死皮賴臉地向爸媽要錢——那時候我爸一接到我的電話，就會問我：「又花光啦？」那時我從不覺得羞愧，還嫌他多嘴。

大二下學期，我遭遇了經濟危機。因為購物、唱歌、去夜店，剛到月中，我就已經身無分文了。一想到上個月信誓旦旦答應我爸，說這個月一定要開源節流，所以要錢的電話，我怎麼也沒好意思撥出去。但是怎麼辦，我得吃飯啊。不好意思開口向同學借，就只能向父母要了。可是什麼樣的理由才能不惹他們生氣，還能成功拿到錢呢？

撥通電話的那一剎那，我決定撒謊。我告訴我爸，我生病了，有點嚴重，在外面吊點滴，大概需要他轉一兩千元給我，學校附近的診所很多都要自費。

我爸一聽就急了：「沒事吧！怎麼這麼不愛惜身體呢？我馬上去銀行轉錢給你，你等著啊！」我還沒來得及回話，他就把電話掛了。

我家離銀行步行有二十分鐘的路程，結果十分鐘不到，我就收到了匯款通知。我爸氣喘吁吁地打電話給我，說錢已經匯過去了。

我還記得那天很冷，甚至都下了雪。

後來的好幾天，他都一直打給我，問我的病好些了沒。我含糊地應付著，愧疚和羞恥開始在心裡無邊無際地蔓延。我不敢想，那天他是怎麼狼狽地跑到銀行去的。我也不敢想，他是不是好幾次都差點滑倒在雪地裡。

而我這個不孝的女兒，在最無知的年紀，為了滿足自己的虛榮心和物欲，用他最在乎的健康做幌子，騙了他的錢。

有多少孩子都是這樣呢？

小時候，我們向爸媽要錢總是理直氣壯，或者找各種天花亂墜的理由——買參考書、繳班費。我們不知道家裡情況多窘迫，也沒注意過父母整日為錢蹙著眉頭。但是家裡再困難，他們也總是不讓我們少一分安全感。

長大後，許多父母要孩子幫點小忙，卻總是再三猶豫才敢開口，付出再多也從不要求回報。多少爸媽，為孩子努力奮鬥的時候，從不提一句辛苦；需要兒女幫忙的時候，不到萬不得已就從不開口，還生怕給他們添麻煩。

你還記得兒時，你夜夜啼哭，好幾年不讓他們睡一個安穩覺嗎？你還記得兒時，他們不厭其煩教你用湯匙吃飯，教你走路嗎？你還記得他們為了照顧好你，讓你平安快樂地長大付出了多少嗎？你如果記得，就不會現在你媽要你教她怎麼申請社群帳號，你都會滿臉不耐煩，覺得她特別討厭了；也不會你爸請你幫忙買個車票，你滿口答應著，卻轉頭就忘了。

特別是身為家中支柱的父親，從小為了一家人的生計四處奔波，獲得的孩子的愛卻比母親少那麼多。因為男人沒有女人細膩，天生不會表達感情，所以付出才總是被忽略。

父親對孩子在生活上的照顧也許不會那麼細膩，但是他們是支撐一個家的重要角色，對孩子的愛也沒有比母親少一分。父親是一個更尷尬的存在，我們會對母親表達愛，也會歌頌母愛，卻總是羞於對不善言辭的父親說愛。

我又想起那天在公車站等車，幾個背著書包、穿著制服的小女生站在我旁邊討論，說耶誕節要給男朋友送什麼禮物。幾張看起來稚氣未脫的臉，應該還是花父母錢的年紀吧。

那時候我腦海裡就閃過了小時候出去玩，送給我爸一張樹葉標本；還有小學時，寫給我媽的字歪歪扭扭的生日賀卡。直到現在，他們都珍重地收藏在臥室書桌的玻璃板下。

我突然覺得很心酸。我們這一生，討好過無數人。無論是朋友還是戀人，都得到了我們盡可能的關注和付出。只有父母，從來只是默默等在那裡。即使我們只是偶爾回頭，招個手，他們也會笑得很滿足。

學生時代尚且如此，即使賺錢了也是如此。多少人會為了博伴侶一笑，一擲千金，卻沒想過家裡還有兩個老人，他們明明是只要我們對他們好一點，就會跟左鄰右舍嘮叨炫耀好久的人啊。

爸媽是我最堅強的後盾。他們總說，工作太辛苦了就辭職，回來我們養你。

我也曾經在失戀的時候哭著給他們打電話，我爸心疼地說，怕什麼，還有我們呢。後來我媽偷偷告訴我，那天晚上我老爹長吁短嘆，擔心得一夜沒睡。

孩子總在痛苦的時候想到回家找父母。他們的擁抱永遠是最溫暖的，會舔舐你的傷口；當你痊癒了，又微笑著送你離開。

你繼續過著自己的生活，屬於年輕人的快樂日子，然後繼續把他們忘在腦後。

他們從來沒有抱怨過一分。可你有沒有想過，父母還能陪我們多久呢？爺爺去世這麼多年了，每次提到他，我爸這個大男人，依舊紅了眼眶。所有人都知道孝順父母，但是真的做了的人有多少？

別讓他們心碎，多逗他們開心，不要總是失去了才知道後悔和珍惜。也千萬不要以為一輩子真的很長。因為你永遠不知道，未來和意外，到底哪一個先來。

你們之間的緣分，全靠你死撐

你有沒有很喜歡過一個人？

就算知道對方對你沒什麼興趣，你還是忍不住想對他好。

你控制不住自己找他聊天，換來幾句忽冷忽熱的敷衍。你一次又一次刷新他的社群帳號，時刻期待他更新狀態。你總是那麼主動，所有人都認為你在倒貼。

你知道女生要欲擒故縱，但只要他一個眼神就瞬間破功。

「在嗎？你在幹嘛？」

「怎麼不理我了？在忙嗎？」

「嗯……那你忙吧，我不打擾你啦。」

每次和他說話，就是從期待到失望的循環。語氣總小心翼翼，還提心吊膽故作俏皮。他那麼冷漠，你仍然不知疲倦。因為如果你放棄了，你們唯一的一點聯繫也會斷了。

只要陪在他身邊，早晚會有在一起的一天吧？你這麼告訴自己。

你們之間的緣分，全靠你死撐。

前天晚上跟小玉聊天，她說自己喜歡上了一個人。

對方是撩妹高手、大眾情人，太年輕的女孩子大多都太傻，被撩也很容易。只需要幾個糾纏的眼神、幾句曖昧的話語，小玉就不能自拔地陷了進去。她的心思漸漸被他牽動，喜怒哀樂也被他掌握。

對老司機來說，最無聊的時刻莫過於他知道你已經被征服。享受了成功的快感，實際上也就失去了狩獵的興趣。於是男生回訊息越來越慢，說話也越來越簡短。

有句話說，一個人回覆你的速度和在乎你的程度成正比。

等到男生連應付都懶得做，甚至社群帳號發文都不讓你看見，那就等於絕情地豎起了一道高牆，把你獨自關在外面。

當發現他的頭像點進去發現什麼也沒有，小玉說，自己看著手機哭了一晚上。

「我到底哪裡不好，他為什麼不喜歡我？讀書時努力可以通過考試，你告訴我，怎麼努力才能讓他愛上我？」

你很好，可是感情就是這麼說不清。

也不是沒有人追小玉，但她都不喜歡。因為都不是他。

「對不起，你們都那麼好。可我，就是不想要。」

我認識一個原本十分驕傲的女生，分手以後哭著給前男友打電話說，我什麼都依你，你回來好不好？不和好也沒關係，我只想抱著你入睡。這天太冷了，我的手太冰了。你能不能回來，再牽著我的手？泡麵的時候，再也沒人心疼地罵我老是吃不營養的東西。從超市孤零零地提著一大袋東西回家，再也沒人接過，說老婆我來拿。我不敢再看電影了，因為沒人讓我依偎了。我也不敢聽情歌了，害怕觸景傷情眼淚唰地流下。

「求你了，回來吧。」

「求你了，別找我了。」

你曾經把自尊看得那麼重要，你忘了嗎？

可你說，那麼喜歡一個人，就是明知道不會有結果，明知道他不喜歡你，也要傻傻等著他，守身如玉。哪怕他說要剜你的肉吃，你也會噙著眼淚微笑，然後親手遞刀給他。

在感情裡總會有這樣的人，愛對方比對方愛自己多。

有這樣的女生，願意吃一個月的饅頭，就為了買一雙名牌球鞋給男朋友。每天打電話給男朋友，哪怕才說了兩句話對方就不耐煩地要掛。叮囑男朋友多吃點，多穿點，早睡覺，別熬夜。但在對方看來，她囉唆得像個老媽子。說不定還會在背地裡說「這傻×，真煩啊」。

也有這樣的男生，錢包掏空都滿足不了對方，還怪自己沒用。在飄著雨的冬夜等對方下樓，一站就是一個小時。每次下決心想放棄了，她一個微笑和賣萌就瞬間瓦解。從來看不到傷痕累累的自己，卻忙著心疼她。

可再好也走不進人家心裡啊。

明明知道自己是對方的提款機，還在慶幸還好自己有錢，不然哪有機會和她在一起？

女孩，你千方百計要留住的人，別人勾勾手就跟著走了。

明明心裡痛得要死，還是要笑著祝福他。明知道對方只是想跟你開房，還是捨不得離開他。喝醉了會哭著打給他，一直打到對方封鎖你。

喜歡一個人就是犯賤的開始，底線隨著愛他的程度變得無下限。你常因為他的一句話輾轉反側，他卻因為你的反覆糾纏心生厭惡。

其實講到底愛情不過就是一個天秤。這邊看得太重，那邊就會放得太輕。

女生不是不知道要在愛情裡矜持，不能付出百分之百，要保留百分之三十的自己，但是真的很喜歡那個人啊，喜歡到不能控制自己了。

她們知道，傻也是有期限的。

直到在某一個早晨醒來，她們感覺整個人都空落落的，恍然發現自己被拿走了所有，卻沒有留下哪怕一個憐憫的擁抱，才突然開始死心。

我曾經那麼喜歡你。那麼驕傲的一個我，為你把自尊都放低。可是你從來沒有回頭看過我，好像就算我離開都無所謂。

那我真的走了。

我不會再愛你，也不會恨你。我感謝你，讓我喜歡過你。謝謝你讓我成長，讓我懂得為愛的人付出，讓我知道喜歡的東西要自己努力爭取。

謝謝你讓我知道了，這個世界上也會有再努力也爭取不到的東西。我帶著所有不堪和卑微離開你。我失去的不過是一個不珍惜我的人，你失去的卻可能是一個最愛你的人。誰更虧呢？

我會盡力分散注意力，忙起來不再想你。直到你變成我記憶裡的一個符號，偶爾想起了拿出來擦擦灰，卻再也不能在我心裡激起漣漪。喜歡一個人的時候我會犯賤，但當我不犯賤的時候，不是想通了，就是已經失望透頂。

我相信，我最後一定會等到這麼一個人——他會看穿我的軟弱，擁我入懷；他知道我的好，明白我其實值得被珍惜。

你什麼都不要，所以你什麼都得不到

有天晚上我在外面的燒烤攤買消夜，旁邊站著一個彪形大漢，牽著一個嬌小玲瓏的年輕女生。應該是一對情侶。

大漢問你想吃什麼，女生怯生生說：外帶個炒飯吧。老闆想多做點生意，就說：我們這裡還有新到的生蠔、蝦，要不要嚐嚐？

女生抬頭看了一眼男朋友，他皺著眉頭，很粗暴地說：「晚上別吃太多，你看你都多胖了。」

我當時就想挖掉自己的眼睛，這麼瘦哪裡胖了？該不會是摳門才這麼說吧。

女生立刻說：「算了，謝謝老闆，只要一個炒飯就行了。」

走的時候看見男生作勢想掏錢，女生說「我來吧」，他立刻把錢包收回口袋，動作非常流暢。

但炒飯一份才六十元啊。

我突然想起我曾收到過一則私訊，是一個女孩子吐槽自己男朋友的。

她說男朋友不陪自己逛街，不帶自己參加朋友聚會，生日不送禮物，平時也不約會。除了上班之外，兩個人唯一的娛樂活動就是宅在家裡打遊戲，他打，她看。

她也鬧過很多次，但是無效。男朋友一副死豬不怕開水燙的樣子，除了分手也沒別的辦法了。可是女生說他除了這些，其他方面都還好，而且孝順優秀。所以就是喜歡他，不想分手。

「我可能是活該吧，自作自受，裝成驕傲又體貼的樣子，遭到報應了。

「剛在一起時他說帶我去參加朋友聚會，我說我在的話，你們哥們肯定玩得不開心，我還是不去了。他摸摸我的頭誇我懂事，後來真的再也沒有帶我去過。

「大學時他生活費不多，說要送我生日禮物。我說你這麼窮就別準備了，你給我個親親就行了。他親了一下我的額頭說『老婆我太感動了』。於是從那以後，我生日時再也沒收到過他的禮物，畢業以後開始工作賺錢也沒提過這事。

「剛上班的時候他很累，每天晚上回來倒頭就睡。原本答應我每週末都陪我出去約會的，我說你平時工作太忙了，週末就補補覺吧。他說我老婆太體貼了。後來他換了份沒那麼辛苦的工作，週末也是窩在家裡打遊戲。

「我不是沒提過啊。我經常開玩笑說，你現在有錢了，也有時間了，怎麼沒買東西給我，沒事帶我出去玩呀？他說老婆你別鬧了，我知道你不是那種在乎物質的人。我聽了笑容都快僵在臉上了。

「鈴鐺，你說我是不是活該？」

沒什麼活該的，我看很多女生都這樣啊。

不懂事的女孩談戀愛，總是喜歡表現自己有多懂事。我什麼也不要，我不圖你什麼。不圖你的錢，也不圖你的時間，我愛的是你的人。可是當對方真的什麼都不給你了，你心裡又慢慢開始不平衡了，也會嘀咕：他到底愛我嗎？

愛不只是嘴上說說吧。你什麼都不給我，能讓我感覺到愛嗎？

你說你是不是有病，我幫你打一一九吧。

年輕的時候人總是喜歡口不對心。因為害怕別人說自己虛榮任性，所以又窮又愛裝，想被疼愛又想被誇獨立，後果就是彆扭地委屈自己。

大概每個人都會有這種階段吧，無論男女。

在一起的時候想把全世界都捧給他，表達愛的方式就是不計回報地付出，對方想回報，你還翻臉。漸漸地，對方就習慣了，覺得你就是無欲無求。甚至有些人會覺得你就是這麼好糊弄，容易滿足。特別是男生，都是嫌麻煩的物種。在一起久了，哪還有什麼精力取悅啊？

但很多時候人性本就如此，不光是在愛情關係上。

之前在網路上看到一篇文章，有個女生說自己父母重男輕女，從小有什麼好東西都留給弟弟，差的都丟給自己。因為她一直覺得自己家裡經濟狀況不大好，所以一直很懂事，什麼都不要。最後結婚的時候父母說沒能力出一分錢嫁妝，隔了幾個月替弟弟買了間房子。

她心裡很難受，多年的委屈一下子決堤了。她說，就因為我懂事，所以活該吃虧、活該永遠被擺在第二位嗎？

是不是好女生只能得到一句懂事，壞女生就可以得到所有？

我想告訴你是的，雖然答案很殘忍。

很多時候，就因為你什麼都不要，所以你什麼都得不到。

你心疼對方，拒絕他付出。你說愛不是索取，所以他撿了便宜，樂得清閒。

其實有時候可能也不是不想要吧，只是你心裡知道說不要，才是他們想聽到的答案，所以壓抑了自己的需求。

那句話怎麼說的？

胸懷都是被委屈撐大的。

無欲無求是一種美好的品質。你真乖、真大方、真懂事，不少這麼說的人只是想占你便宜，要你在利益面前讓步。

我真希望你下次面對別人問你「要不要」的時候，能坦然地說「要啊」。

「我要你愛我，我要你對我好。我要你為我付出，我不想再委屈自己了。」

以前聽過一段話，說搶著結帳的人不是因為錢多，而是把這份感情看得比金錢重要。

吵架後先道歉的人不是認錯，而是懂得珍惜。

所以願意吃虧的也不是因為我欠你什麼，而是因為我愛你。如果你把讓步當作糊弄我的資本，那我隨時可以收回。

我什麼都不要，所以我什麼都得不到。

既然這樣，那我以後無論什麼都想要。

孩子，你活得太「硬」了

有個女生告訴我，她最近和男朋友總鬧不愉快。原因很奇葩，她從不花男朋友的錢。

她是自詡獨立的新時代女性——有養活自己還能偶爾買奢侈品的不錯薪水，愛面子，自尊心強，最看不起的就是讓男人花錢的女人。

男朋友家裡有家族企業，算個小富二代。兩人在酒吧認識，沒幾天就滾了床單。買保險套的時候，她豪氣雲天地把他的手攔下：「我來！」

女生說，當時男朋友目瞪口呆，頓時被她征服了。不屑花男人錢的女人，真的好單純好不做作，跟外面的妖豔賤貨好不一樣。

但是戀愛半年來，男朋友抱怨的次數越來越多。大意是說她沒把他當男朋友看，從不收她買的禮物；出去約會也是，男朋友付的帳，回去她都會一筆筆算好，然後轉給他。

男生甚至質問過她：「你到底愛不愛我？」

因為這件事，兩個人吵了好幾次架。

她很無言地對我說：我經濟獨立還不好，非要做一個刷爆他的卡的女生嗎？

我聽得目瞪口呆，居然還有這樣的情侶。一個從不讓男朋友花錢，一個求著女朋友花自己的錢。真是大開眼界。

不過想想男生的反應也很正常，我喜歡一個人的表現也是忍不住給他買買買。如果一腔熱血總被潑了冷水，誰心裡會痛快呢？

■

一直以來，我身邊有不少這樣的好女生，她們都是「經濟非常獨立」，從不收男生的禮物，拒絕男生物質上的一切示好，也很鄙視那些花男生錢、收男生禮物的女生。

我又不是買不起，為什麼要別人送？

她們吃飯要ＡＡ，外出自己搭計程車；跟男生出去開房，次次都搶著結帳；過節的時候為男生精心挑選禮物，自己卻一根毛都收不到；購物的時候對方要刷卡，當場就跟人家大吵一架：「你把我當成什麼了？」

她們這樣說心安理得享受男生經濟上照顧的女人：「跟寄生蟲有什麼區別？」

這些女生當中，有的成功找到了愛吃軟飯的男生，有的就一直沒找到對象。她們都覺得很奇怪：為什麼這麼好的我，卻沒人疼愛？

沒錯，你是很好，談戀愛捨不得讓對方花一分錢，不屑占對方任何便宜。

但是你活得太硬了。

活得太硬是什麼模樣？

整個人不大方，很龜毛，太講原則，簡直到死板的地步了。不是太過自信、驕傲，就是自卑，不諳人情世故。

這些女生，太在意別人的評價。骨子裡，怕被貼上拜金的標籤。這樣的女生，讓我想起每次在辦公室給大家發零食吃，大家都會笑著道謝收下，有一個人總是擺擺手說不要，生怕占我便宜，讓我覺得很尷尬。後來，我也就習慣了發零食的時候直接跳過他。

清高、經濟獨立確實是美德，但是有時未免太沒人情味了。

網路上有一篇吐槽文，說有個女生收到男朋友送的五萬多塊錢的ＹＳＬ包，拿回家以後被爸媽知道了，她爸很生氣，覺得她不應該收這麼貴重的禮物，然後一怒之下把包給剪了，還給了她五萬多現金要她還給男朋友。

佩服她爸，有錢任性。不過我也忍不住心疼，五萬多的包說剪就剪了？看她家的經濟狀況，其實也不是不能回禮啊。

魯莽行為讓女兒傷心，她男朋友更尷尬。

活得硬的女生，讓自己走入了一個極端。她們不想當男人的附屬品，卻總一不小心讓自己活成了男人，甚至讓男人變成自己的依附。

你總是拒絕別人的好意，讓人怎麼和你變得親密，感情怎麼更進一步？談到錢你總那麼清高獨立，讓愛你的好男生覺得挫敗，正中想空手套白狼的渣男下懷。

適當接受和要求別人的付出，其實是在對對方說：我把你當成自己人了。

老是拒絕別人為你付出，也是在對他釋放一個信號：我不需要你。

感情哪裡可以量化呢？如果一切都要甲乙丁卯分得那麼清楚，那不叫戀人，而叫路人。斤斤計較，從不花男生的錢，並不是男女平等。因為其實在潛意識裡，你已經把自己當成弱勢的一方。

越自卑的人才越強調自尊。越在乎這件事，說明內心越怯弱。

有時候真的覺得某些女權主義者矯枉過正了。

我憑什麼不能收男生的禮物？憑什麼不能要求對方給我花錢？我又不是還不起。

愛情其實就是兩個人之間的人際交往。只要不是總覥著臉當受益方，怎麼相處都很稀鬆平常啊。

張愛玲說過：愛一個人愛到問他要零花錢的程度，那是嚴格的試驗。

你以為誰的錢我都會花嗎？對沒有好感的追求者，就算買瓶飲料的錢我都想還給他。愛你，才花你的錢啊。一切都和他分得一清二楚，這不叫談戀愛，這叫男女自尊之間的短兵相接。

心理學上有個「富蘭克林效應」，說的是適當接受別人的好意（幫助），能獲得對方的好感，最快拉近你們之間的距離。

異性關係也是如此。不卑不亢地接受對方的付出，大方自然地要求和回報對方的愛，這都不丟人。因為這才是一段沒有隔閡的感情啊。

老了是什麼感覺？朋友越來越少，孤獨越來越多

半夜滑社群平台，看見一個很久沒聯繫的朋友破天荒發了張自拍。想留言，誇她好看，兩個字打了半天，最後還是刪了，按了個讚。

放下手機跟彥祖調侃，說我老啦，膽子越來越小了，對別人釋放的善意，最多就限於按讚了。

在我看來，按讚是對最熟悉的陌生人最安全的表達。不用擔心收不到回饋，也不會顯得太唐突。

其實心裡覺得挺悲哀的。

對於某些朋友來說，他們的發文我不敢留言，害怕自己的示好孤零零地躺在下面，收不到回覆。不敢私訊，怕對方半天沒回我，甚至會心煩到刪掉對話，假裝沒發過。不敢打電話，即使再想念也害怕被對方討厭，怕他覺得是打擾。

每個人都有自己的生活。她還在我的心裡又

怎麼樣？她的生活裡已經沒有我了啊。我成了一個彆扭的人。總是期待別人主動聯繫我，卻再也不敢或者很少再聯繫別人。

這是一個可怕的循環——一開始，只是懶。懶得聯繫，懶得表達。後來走遠了，就開始害怕。怕對方變得冷漠，怕自己的示好看上去更像討好。怕抓住對方以後，對方努力掙脫，自己會更尷尬，顯得自己好像一個死皮賴臉的傻瓜。

人哪，隨著年齡的增長，不再喜歡呼朋喚友。渴望獨處卻又渴望被主動聯繫。也不再交新朋友，因為從頭開始交代人生太麻煩。

朋友越來越少，孤獨越來越多。這可能就是變老的表現吧。

柚子上次跟我說，她也覺得自己變老了，老得有時候都感覺不到自己活著。晚上躺在床上就知道第二天是怎麼過的：早上去上班，中午吃便當，下午下班以後回到租屋處，炒兩道菜，看劇睡覺。

每天如此。

生活沒有期待，沒有波瀾，沒有變化，沒有驚喜。

你是不是也這樣呢？每天過著重複而枯燥的生活，早已想不起夢想這麼遙遠的東西。生活把你折磨得疲憊不堪，你卻依然不敢改變。已經養成的習慣，流動在你的血液裡，成了身體的一部分。

突然想起我一個讀者，她是兩個孩子的母親。她曾經對我說過，丈夫每天在外面花天酒地，不顧家庭，手機上都是曖昧訊息，她還在他的口袋裡看到過某高級會所小姐的名片。但她也沒勇氣攤牌，更沒勇氣離婚。因為十多年的青春都給了這個人，她的愛情，她的生活，包括她自己，全部被埋葬在這段糟透的婚姻裡。她說自己無法想像，逃離以後是什麼景象。自己已經這麼大年紀了，即使現在的生活讓她窒息，可萬一掘開墳墓，發現外面更險惡呢？

人最可怕的，其實不是變老，而是認老，習慣了眼前的一切，不敢做出改變。

因為習慣，你不敢丟掉一個不愛也不適合的人，而是安慰自己下一個可能更差；因為習慣，你沒勇氣面對糟糕的生活現狀，而是洗腦自己以後一定會變好；因為習慣，你甚至不願意選擇陌生的餐廳吃飯，不願意點一道沒嘗試過的菜。

你安於現狀，不想冒險，也不願意再努力。以前的勇敢去哪了呢？

有時候對著鏡子都會恍惚，透過二十多歲的你，看見軀殼裡裝著六十歲的心臟。

很多人都會慢慢開始有這樣的感受：
不再喜歡三五成群地熱鬧，而是喜歡宅在家裡安靜地看完一部電影。
不再提前一個月就開始期待生日，甚至會差點把那一天遺忘。
沒辦法再熬夜了，因為放肆一次需要一個月的時間來調整作息。
發現自己的記憶力在下降，學習能力變差，很難再讀完一本書。
不願意再接受新知識，或者新的生活方式。
膽子越來越小，怕去醫院，怕生病，怕死。
經常回憶過去，不會想到關於未來的事。
最重要的，是你發現時間在加速前進。小時候在路邊玩沙子，一下午好像超級漫長。現在卻覺得，幾年都在彈指一揮間。
當然也會恐懼，任何一個人都會恐懼吧。與其說是怕死亡的緩慢接近，怕容顏的逐漸衰老，不如說是害怕麻木的侵蝕。

激情被生活磨滅以後，那種麻木就會像退了潮後的礁石，從沙灘上慢慢顯現出來。

變老其實不可怕。可怕的是，你從內心已經接受了當前糟糕的生活狀態。副作用是你不再愛自己，不再對生活抱有熱情，不再努力前行，也不再試圖抵禦歲月的侵襲。

你也許會問，那怎麼才能讓自己遠離這種變老帶來的「麻木」？

其實只有一個重點，就是逼著自己勇敢，也丟掉懶惰。

比如我昨天鼓起勇氣打開對話視窗，對一個很久沒說話的朋友 say hi。沒回，我就一直不停地傳貼圖。效果很顯著，她封鎖我了。

又比如我試圖勇敢突破自己，改變現狀，於是我早上六點起床去晨跑。然後把腰閃了。

總之，說正經的，變老導致的懶惰，會讓你失去很多東西，比如健康、友情、快樂……因為你懶得注意身體，懶得維繫友情，懶得讓自己快樂，懶得為很多事努力。

於是你會慢慢發現，生活中越來越少有事物能點燃你。每一天都那麼重複又波瀾不驚，就好像青春遲暮一般死寂。

就好像村上春樹說的一樣，超過了一定年齡，所謂人生，無非一個不斷喪失的過程。對你人生很寶貴的東西會一個接一個，像梳子豁了齒一樣從手中滑落。取而代之落入你手中的，全是些不值一提的偽劣品。體能、希望、理想、信念和意義或是所愛的人，一樣接著一樣從你身旁悄然消逝，連找個代替的東西都不容易。

那為什麼不勇敢去踏出改變的第一步，勇敢接觸新生活、新事物，勇敢去愛自己呢？也許你會發現鏡子裡的自己，正越來越年輕！

你之所以會貶值，是因爲除了臉和年輕，你一無所有

二十歲那年，朋友問我將來有什麼打算？我說打算呢暫時還沒有，不過想好了：等到了三十歲，我就去死。

因為當時覺得：三十歲，簡直太可怕了！好像到了這個年紀，女人就會開始變得無知庸俗，變老變醜，還會被迫捆綁在家庭和瑣碎生活裡。這樣的人生，可不是我想要的。

時光如梭。

當年那個希望英年早逝的我，居然一眨眼就接近三十歲了。我依舊很不要臉地熱愛生活，順便還成了大家眼中大逆不道的中年女人——幾年前，我和相戀多年的男友結了婚。頂著催生的壓力，至今還是二人世界。

年初，我辭掉了父母引以為豪的穩定工作，轉而去做大家眼中「有一餐沒一餐」的全職作

者。

身為一個已婚女人，我不愛做家事，更不怎麼做飯。更可怕的是，我還會跟別人拚酒、泡酒吧、出去旅行。搞得我的同齡女性朋友都欽羨地說：真羨慕你，過得這麼瀟灑！

可是我心裡清楚，她們在說這句話的時候，其實心裡帶著一絲道不明的優越感，就好像在說：「我們已經完成了女人的人生大事，你卻沒有。」

所以如果給她們這樣「瀟灑」的機會，她們也絕對不會選擇。因為其實在他們眼中，三十歲的女人，不應該是我這樣過。

正確的路，應該是趁早「收心」，把生活重心放在家庭上。應該是相夫教子，鮮少出門聚會，忘掉那些不實際的風花雪月。應該是整天在社交網路上曬娃，炫耀丈夫對自己的寵愛，以彰顯自己的身價。

這才是世俗眼中的完美——畢竟在大多數人看來，三十歲女人的「成功」標準，不就是結婚生子，為家庭奉獻嗎？

跟大家說個故事吧。

不久前，元元裸辭去了一個沿海城市生活。

那是一座沒有朋友、沒有人脈、完全陌生的城市。一切都重新開始。

拋下一切逃跑，她並不覺得可惜。因為元元知道，自己再不走，就肯定會瘋掉。

還沒到三十歲，元元母親就每天在家哭訴：「年紀這麼大還不結婚，你知不知道我們有多丟臉？」父親在旁邊瘋狂抽菸，偶爾搖頭說一句家門不幸，女兒不孝，自己醜還挑別人。

好像在爸媽的眼裡，你只要結婚就好了，幸不幸福根本不重要。

元元是不好看，但也並不缺人追。只是追她的，她都沒感覺。根本擦不出火花的人，想想牽手接吻都很可怕。明明過得很快樂，為什麼要被年齡恐嚇？就為了應付父母和鄰里口舌，隨便找個人走入圍城，然後互相將就著過一生？

我至今記得那天，她帶著哭腔對我說：「小時候努力讀書，就能讓爸媽臉上有光。長大以後，只有結婚才能讓他們抬得起頭。可是愛情這種事，你告訴我，怎麼努力？在我老家的人眼裡，即使你升職加薪、自給自足，二十八歲還沒有結婚的女人，也會成為被人津津樂道的笑話——沒人要的老處女。」

就因為越來越逼近中年，越來越多的女生迫於壓力，選擇一個根本不喜歡，甚至不瞭解的人結婚。

呵呵。在外人看來，你倒是功德圓滿了。可要是將來過得不快樂，除了你自己，誰還會為你失敗的婚姻負責？

小米的故事，更可怕。

「這個年紀的女人，事業做得再好有什麼用？就該把工作辭了，專心回家帶孩子。」說話的，是小米的婆婆。

「就是！沒收入怕什麼，有我養就行了。」幫腔勸說的，是小米的丈夫。

那年小米三十歲出頭，懷了第二胎。在婆婆和丈夫的輪番洗腦下，她無奈放棄了工作，如今卻悔不當初。

婆婆一向心疼丈夫，不讓他插手家務，所以辭職後，小米比上班更累了——每天一睜眼，就得為全家人準備早餐。送走丈夫後，繼續洗衣拖地帶孩子。

一開始小米覺得還挺充實的，畢竟主婦也算是一種事業，只不過受益人是整個家。直到有一天，她在網路上看中了一條打折後只要五百元的裙子，她看了看自己的帳戶，餘額一百元。

當了家庭主婦後，小米所有的開銷都需要向丈夫報備。晚上她跟丈夫說起，想叫他買給自己。丈夫卻很不耐煩：每天在家又不出門，有誰看你啊？你又沒上班，總是花這麼多錢幹嘛？

這已經是第三次想買東西被駁回了——上一次，是小米的生日。

她沒說話，默默走回房間，這才發現，辭掉工作，並不僅僅是失去事業，對女人來說，還有可能會慢慢失去尊嚴。當你連買菜都要向老公要錢，婚姻裡的平等難道不會失衡嗎？沒有一份收入為自己帶來底氣，感情還能維持多久？

最可怕的是，好像所有人都會覺得，女人一到三十歲，本來就該放棄事業，為家庭奉獻。一到三十歲，就沒必要再追求夢想和上進，因為「太強的女人會被丈夫嫌棄」。

憑什麼？

在很多人看來，三十歲的女人，應該是這個樣子：應該在二十五歲貶值前，趕緊把自己用最好的價錢「賣」出去。再抓緊時間生孩子，做一份穩定的清閒工作，上班打打毛衣聊聊天，下班回家做飯哄小孩。

呵呵，至於三十歲女人的夢想，當然就是全力支持丈夫的夢想。

三十歲女人的生活，就是照顧好全家人的生活。這就好像，女人應該是一台沒有靈魂的生育機器，一枚時間到了就投入家庭的螺絲釘。

其實在三十歲這個年限之前，大家對女人都很寬容——

曾經我們都只屬於自己。二十多歲，我們為了夢想而拚搏，為了事業而努力；二十多歲，我們為了愛情不妥協，有自己的朋友圈和愛好。

但是一到三十歲，我們就好像舞會上的灰姑娘，開始接受可怕的現實，一切美麗都化為泡影。所以，才會有很多女孩害怕三十歲的到來。

很多人都對你灌輸：三十歲就是人生的分水嶺。如果你的人生大事沒有在三十歲之前一一完成，你就是個徹頭徹尾的失敗者。在這樣的洗腦下，很少有人還能堅持自我。

可難道世俗觀念說的就是顛不破的真理嗎？

其實多的是三十歲沒結婚生子，不願意像個「正常女人」一樣生活，卻依舊快樂得像個孩子的女生。因為她們經濟和人格獨立，比大多數人都優秀，所以才能不在乎外界的看法，不理會流言蜚語。

不要放棄夢想，因為它是讓你看起來熠熠發光的東西。

不要放棄事業，因為這是你建立信心和婚姻平等的基石。

不要放棄愛情，因為如果你因為年紀而將就，得到的也只是一段湊合的人生。

任何年齡都有獨特的美，別再讓時間捆綁你的人生。

如果你足夠優秀，不需要依附任何人。即使三十歲，依舊自信閃耀，有強大到不在乎外界看法的內心。為什麼還要害怕三十歲的自己？

憑什麼我要跟你講道理

昨天一下午都有事，我沒空看手機，晚上吃完飯發現手機沒電了，九點才充電。

剛打開社群平台就看見有個讀者一口氣傳了二十多則訊息。

第一條訊息是中午傳的：「在嗎？問你件事。」然後也沒等我回應，瘋狂傳了一整頁二十秒以上的語音。隨便點開一則聽，就是劈哩啪啦的長篇大論，訴說自己以前和男朋友怎麼相識，有多恩愛，現在有多嚴重的問題等我解答。

我正在猶豫這麼多語音要不要聽完，拉到最下面對話框準備先回覆，結果才發現她可能看我一直沒回，就打了一段話狂罵我：「別以為你寫文章就多了不起了，就算不想幫我起碼回覆一下訊息吧？不知道父母怎麼教的，基本的尊重和家教都沒有！滾吧！」

看完以後我非常生氣，想跟她理論卻發現已經被刪除好友。當時我就申請好友問她是不是有病，罵我可以，為什麼罵我父母。她拒絕了申請，還倒打一耙，回覆：「就是罵你媽怎麼了？沒見過你這麼沒教養的人。」

說起來還真的想聊聊這件事：

第一，不是每個人都時時刻刻守在電腦前面，大家都有自己的事情，你很閒不代表我不忙。

第二，如果是我，求助起碼會擺出求助的態度。請盡量文字敘述而不是狂傳語音。大家都知道語音必須聽完才能瞭解對方在說什麼，盡量發文字一目了然，能幫對方節省時間成本。

第三，尊重是互相的。只顧自己傾訴不考慮別人是自私，沒有及時回應就罵人、封鎖是不自重。因為自己的要求沒被滿足就罵人全家，這是有教養的行為嗎？你不尊重別人，為什麼要對方必須尊重你？

其實我一直覺得自己是易炸體質，但僅僅是對於不講道理的人而言。幾個月前我有個熟人做麻辣小龍蝦外送，拜託我們多照顧生意。因為口味確實還不錯，又是認識的人的緣故，我大概光顧了四五次。

最後一次我請了幾個朋友來家裡做客，打算順便推薦這家店給他們。於是提前跟熟人打了招呼，約好了六點準時把送來我家。

結果晚飯後朋友都酒足飯飽坐在沙發上打嗝了，麻辣小龍蝦還沒到。這一等，就到了晚上十點。朋友都很尷尬，一直坐立不安。他們屢次表示麻辣小龍蝦就不吃了，先告辭了。我說再等一下吧，嚐幾口再走。

從六點半到十點期間，因為怕打擾到開店的熟人，我只打了三通電話催促，語氣都很平靜。她一直跟我說已經出門了，馬上就到。

十點過十分，在等了將近四個小時後，我終於忍不住了。電話裡我已經控制不住怒氣，質問她到底什麼時候能到。幾個朋友都在家眼巴巴等著，既然不能準時送貨為什麼還要接我的單？

她語氣很衝：「外送員已經在路上了，你發什麼脾氣？我欠你的嗎？今晚店裡很忙，你就不能體諒一下別人？」

我聽了氣得不行，於是回她：「要真的不體諒，按我的性子早就退單退款了。為什麼要傻兮兮地等四個小時？而且人家憑什麼體諒你？雖然我們確實認識，但是首先是消費和服務的關係。做生意沒有信譽很有理嗎？做不到為什麼要接單？」

說起來有些人的邏輯真的讓我五體投地。我以為體諒是互相的，原來晃點別人一整晚，對方還必須得欣然接受毫無意見，這才是體諒啊。

可能他覺得因為是熟人，所以理所當然就應該體諒。就好像熟人開店你去買了鞋，三天就開裂也不好意思退款；熟人做餐飲行業太忙，最後上菜的當然就是朋友這桌了。這不是約定俗成的規矩嗎？

朋友嘛，不就是拿來賣的？

▪

雖然這個世界總體來說很美好，但是也從來不缺乏奇葩來點綴。

比如這種：

有些人，往往只顧著自己就厚著臉皮侵占別人的利益。最可笑的是，假如你反擊或提出異議，對方還會反咬一口：你怎麼這麼不講道理，沒教養？

年節返鄉時你辛辛苦苦排了幾個小時隊，一個大媽一下插隊到你前面去了。你好心提醒她請按規矩來，她眼睛一瞪：家裡有急事插隊買張票怎麼了？你這年輕人怎麼這麼不通情理呢？

你今天「大姨媽」來了，痛得不行在公車上閉眼假寐。一個老先生上車站你旁邊你沒發覺，他就用拐杖重重地敲你的頭：現在的小孩子越來越不敬老尊賢，沒家教，老人家上車都不讓座！

你總被人嘲諷，把你的缺陷當笑料。最後一次你生氣了，別人說你斤斤計較。既然這麼開不起玩笑，以後就不跟你說話了好不好？

家裡來了調皮搗蛋的孩子，把你的模型摔爛了、昂貴保養品打翻了、限量化妝品摔碎了。你眼睛都氣紅了，給了他一個湯瑪斯迴旋踢。他媽哭天搶地地過來護孩子：這麼大的人還和孩子計較，怎麼這麼沒家教！

你笑了，後半句確定不是在說你自己家孩子？

很多人都會告訴你：我可以欺負你，可以罵你，可以侵犯你的利益，但你不能回嘴，不能還手，不能跟我生氣。否則你就是沒教養，就是不講道理。

最好笑的是，有時候甚至旁觀者也會這麼說：何必呢，狗咬你一口，你難道還咬回去？沒人規定我非得咬一嘴毛啊。但我為什麼要忍？

曾經我被人屢次嘲弄缺陷，我不是強笑就是沉默。後來有人變本加厲，有一次當著所有人的面直接動手。我瞬間變臉，打掉對方的手爆發了。

從此以後那人恭恭敬敬，再也沒有越矩舉動。

總有人跟我們說：沒必要跟別人起衝突，以和為貴，多「以德服人」。沒錯，凡事多講道理是有效果的，但是只有跟人講才有用，跟狗講道理沒效果，得揮拳頭。

對某些人來說，你越有教養，越能忍，越遇到任何蹬鼻子上臉的舉動想著息事寧人，那麼對方就會越過分，越咄咄逼人，越樂此不疲地欺負侮辱你，因為軟柿子好捏。

所以人為什麼不試試做一面鏡子？

對知書達理的人溫和有禮，對蠻不講理的人就沒必要忍氣吞聲。

當你這樣做了就會發現：別人反而更尊重你了。因為你有自己的個性和脾氣，不是

個毫無原則的爛好人。

這個世界不是草食社會，不是你好好跟人講道理，別人就會被你的溫柔打動。所以面對毫無道理的挑釁和辱罵，我從來不吝反擊，也從來不覺得衝突就是一件降低身分的事情。

跟講道理的人講道理，跟不講道理的人動拳頭，這才是成年人的相處方式。

我這種人，活該沒朋友

信箱每週都會收到十幾封來信，通常我都是掃幾眼後迅速回覆，直到我看到這封郵件：結婚了沒朋友可請，我該怎麼辦？

來信的女孩說，自己下個月就要結婚了，開始準備請柬的時候，才發現自己居然沒朋友可請。她數了一下，同學、同事加起來居然不超過五個。

她很唏噓地說：

「現在回想起來，可能是我性格淡漠吧，中學、大學畢業後的同學基本上都沒聯繫了。本來關係不錯的朋友，也漸漸被我冷淡的性格趕走了。有時候也會想起一些人，但是我從不傳訊息也從不打電話。有時候真的很羨慕那些開朗主動的人。

「鈴鐺，這時候我才覺得自己蠻丟人的，害怕別人異樣的眼神，害怕別人私下討論我居然連朋友都沒有。我該怎麼辦呢？」

我看了這段話半天，然後回覆她：
我懂你，因為我就是這種人——再孤獨寂寞，也不會主動找別人的人。
我們這種人啊，真是活該沒朋友呢。

你有過這樣的時候，或者這樣的擔憂嗎：
遇到麻煩了，要是打不通家人的電話，就不知道找誰幫忙。
失戀了想找個人訴苦，翻遍了通訊錄都找不到合適的人選。
想出去逛街，想到自己一個人去試衣服就覺得心慌，只好打開手機買網拍。
就連出去吃飯，都不敢上廁所。因為一離開座位，你的餐就可能被服務生收掉。
最慘的就是孤身在外，說不定哪天自己在家突發急病死了，都沒人幫你收屍。因為沒有固定會聯繫的朋友，沒有固定會奔赴的飯局，甚至也不怎麼用社群帳號，在人群中毫無存在感。
這樣看來，結婚時沒朋友可請，已經算是小事了吧。

我不知道什麼時候，也變成了這樣的性子。自從前兩年我開始寫文以來，可能是因為自己的閒置時間被無限壓縮，現在幾乎可以說是六親不認、眾叛親離了。

朋友約我，我要寫文。

朋友失戀，我要寫文。

朋友聚餐，我在寫文。

朋友說絕交，我說哦，我先寫文。

因為拒絕他們的次數太多，漸漸地我被認為不合群。甚至會有人私下猜測：我總是放鴿子，是不是不喜歡他們？這樣的惡性循環下，我的生活更加趨於兩點一線。而我也開始慢慢習慣這種日子，竟然真的變得越來越孤僻。

有種人就是這樣的，他們活得很矛盾。明明心裡很想和朋友出去玩，卻從不主動邀請。很多時候，是怕遭到拒絕的尷尬，或是怕打擾了對方。除了父母，對任何人都是從不主動打電話、傳訊息，只是在社交平台上默默按讚。

每一個讚，實際上都在對對方說：我想你了。

而且，這種人還很怕麻煩。習慣了寂寞，就很怕混在人群中的生活。即使接到邀約的電話，也總是想逃避。要出門啊，洗頭、化妝、和人說話太累了，算了吧。後來就自然變得更加懶惰，更不想應付人際關係。

其實誰不希望朋友滿天下呢。只是大家一直都是君子之交淡如水，突然爆發了熱情，看起來也會很奇怪吧。害怕依賴別人，因為所有的親密關係都不是永恆的。如果終究會失去，不如從一開始就不要糾纏。

■

為什麼有些人就是「沒朋友」？

有一種原因，是避免和人太過親密。這是害怕被束縛的表現。可能是偽裝太久了，對人太過防備，不希望別人接觸到自己的內心。沒有真誠地交往，必然不會有真心的朋友。

還有一種原因，可能是從小從原生家庭中沒有得到太多愛。缺少父母的呵護和陪伴，缺少親密交往和身體接觸，長大後性格就會比較淡漠。天生孤僻，一旦有人接近，就會自然抗拒。

最後一種原因，就是明明心裡喊著「約我約我快來約我」，也從不敢主動，怕被人討厭。週末就躺在被窩裡高喊無聊，出門也不想去太遠，都在附近溜達。

這麼被動又保守的你，怎麼能交到朋友呢？

其實道理都懂：友情需要培養。不聯繫的話，疏遠是很正常的。

但臣妾就是做不到啊！

你不懂關心人。別人逢年過節打電話走親訪友，只知道羨慕。看到朋友生病的消息，除了按讚竟然不知道怎麼留言了，或者害怕留言也得不到回應。

沒人會一直在原地等你。昔日關係很好的朋友有了新的圈子，你看到她和別人的親密合照心裡酸酸的，更加在心裡對她疏遠了幾分。怎麼敢約你啊？雖然我還當你是最好的朋友，但萬一你只當我是「熟人」了呢？不知好歹地聯繫你，說不定還會給你造成困擾呢。

過年回老家都沒人理。已經幾年沒聯繫的同學，怎麼好意思再找人家出來玩呢？如果你一直這樣，就會被人誤認為你不喜歡對方，不想跟對方做朋友。

於是我又打開了信箱，找到那封郵件，打了這段話：

說真的，不如你試著做一個行動力強，又不想太多的人？想他了，就直接打開對話框說「我想你了」；勾起以前的回憶了，就打電話給當時那個人敘敘舊；宅在家裡的時候，不如打電話約人出去喝杯咖啡。

當你真的開始做了，你會發現很少有人會討厭你的主動啊。每個人都很懶惰，所以主動的人總是顯得更珍貴。也許你踏出這一步，就會得到一個兩肋插刀的好朋友呢。

不要把天性涼薄掛在嘴邊，有些人冷漠只是因為沒遇到讓他暖的人吧。

但醫者總是不自醫，教育別人總比改變自己容易。就好像所有的兩性專家，自己遇到問題只有無能為力。

我們這種人呀，還真是活該沒朋友呢。

當好人，你手裡要有刀

文卿傳了一則新聞給我。

二〇〇九年的某天，保全梁華在工作的網咖看見三個偷手機的小偷。

網咖偷手機的事情經常發生，很少有人會「多管閒事」。梁華不同，他拚盡全力抓住了兩個小偷，還有一個跑了——這樣，他還覺得非常自責！把小偷交給警方後，梁華繼續上班。

本來以為事情就已經結束了，沒想到兩個月後被抓的小偷放出來了。猖狂的小偷找到梁華家，報復性地綁走了梁華的女兒。梁華年僅十五歲的女兒被毆打、被輪奸，右耳廓被刀割去一塊，耳朵被灌進臭蟲。有蟲子爬不進去，這些小偷還用螺絲刀往裡面推。

在如花的年紀被輪奸、被毀容，女兒身心受到極大創傷，離家出走至今未歸。

之後，梁華忙於上訴、尋找女兒，對兒子疏於管教。十八歲的兒子梁錫榮涉嫌參與搶劫、敲詐勒索以及收保護費被警察帶走。在被警察帶走前，梁錫榮成績優異，兩天後就要參加升學考試。

女兒被強奸虐待，兒子幾乎前途盡毀。歷經種種悲劇，記者再問梁華，如果可以重新選擇一次，你還抓賊嗎？梁華回應，抓！（南方都市報）

看到他這麼斬釘截鐵，我不知道心裡什麼滋味。

我問文卿，梁華回答「抓」的時候是什麼心理。他難道就沒半點猶豫和後悔嗎？因為一次路見不平，導致整個家都支離破碎。

她說：「嗯，我也想問這個問題。」

東野圭吾的小說《徬徨之刃》裡也描述了這樣一個故事。

長峰是個老實的好人。他中年喪妻，和女兒繪摩相依為命。

在一場煙火會後，繪摩被幾個未成年人擄走，強餵過量毒品後遭輪奸死亡。長峰在接到一通匿名電話後，潛入其中一個未成年兇手家中，無意中發現了他們當時輪奸女兒繪摩致死的錄影。

長峰知道，按照日本的法律，未成年人犯罪不會判重刑，被管訓幾年就會釋放，而且他們的名字不會曝光，案件也不會公開審理。跟保全梁華截然相反的是，長峰決定自己復仇。

法律不會懲罰他們，那就由我來懲罰吧！看了女兒被凌辱致死的錄影帶後，失去理性的長峰殺掉了第一個兇手，踏上了復仇之路。

長峰一邊追殺兇手，一邊亡命天涯。民眾從新聞中得知此事，對長峰的喪女之痛感同身受，紛紛致電警局要求撤銷對長峰的通緝令。但是，員警的責任並不是維護正義，而是保護法律。

在小說最後，長峰的獵槍指向殺死女兒的另一個兇手，那個少年嚇得瑟瑟發抖。在和警方的對峙中，長峰怒吼一聲，準備扣動扳機，卻被員警當場擊斃。

讓所有人意外的是，他的槍裡並沒有子彈。也許當時他已經窮途末路——他知道殺自己女兒的兇手終將得到法律庇護，而自己只有死路一條。

東野圭吾也在書裡淒涼發問：到底法律保護的是兇手，還是無辜的受害者及活著的家屬？

同樣是父親，同樣是女兒被殘害，長峰和梁華走上了截然相反的路。

有人說，不管是盲目做好人，還是事後以暴制暴，都沒有可取之處。

那誰又能告訴他們，到底該怎麼做？

當好人沒有好報，壞人得不到懲戒，我們為什麼還要守住底線，做個好人？

▪

其實這些年來，好人沒好報的例子我們見得不少——扶起老人卻被坑錢的，救溺水者卻丟了命的，好心幫別人被詐騙的，借錢給朋友應急，對方卻人間蒸發的。不知道你們還記不記得二〇一三年那個好心送孕婦回家的女生，她被孕婦的丈夫先奸後殺。善意的回報是被殘虐謀殺，她死之前該有多絕望啊。

還有生活中的濫好人。

同事說你人好。因為他們不想做的麻煩事丟給你，你任勞任怨。

女神說你人好。因為你對她隨叫隨到，有求必應，是個行動提款機。

朋友說你人好。因為每次聚會都是你付錢，既開得起玩笑也幫得起忙，是大家公認的熱心腸。

你的好商量、好說話，換來的是什麼回報呢？

你有急事要先走，拜託同事幫你把工作收個尾。他們好像忘了平日受到你那麼多幫助，面露難色：「我今天下班後也有事呢……」

你為了女神傾盡所有，她全部笑著照單全收。你鼓起勇氣對她表白，她卻瞪著無辜的眼睛：「啊呀，我一直把你當哥哥的。」

你被聚會和朋友借錢掏空了口袋，經濟窘迫時，厚著臉皮向朋友討債。結果他板著一張臉：「我最近也沒什麼錢。再說了，這點錢有需要催我嗎？我又不是不還你！」

那時候你就知道，你對別人好，未必都能換來好報。

因為他們可能覺得：你為什麼這麼好？不就是希望大家對你印象好嗎？那我不過是好心成全你的虛偽罷了，你反而應該感謝我，而不是希望我也回報你什麼。

在狹隘的人眼中，你的真心對待，全部是另有所圖。

這個世界上「好人」很多。他們凡事為別人考慮，對所有人都很熱心。他們老實本分，從不違法亂紀。

電視劇裡總是好人活到最後。但現實生活中，很多時候，命運回報這些好人的，都很殘酷。

所以，如果好人沒好報，那我們為什麼還要當個好人？

在以前，通用答案是：上帝讓你做個好人，就是對你最大的獎賞。

非常諷刺。當你因為做「好人」傷害了身邊的親人，這種獎賞還有意義嗎？如果做好人沒有安全保障，我們憑什麼還要做個好人？

其實之所以會有這樣的疑問，是因為你理解錯了「好人」的含義。

很多人都覺得：我對每個人都很好。我路見不平，見義勇為，心懷善意，是個好人，我就一定會被世界好好對待。但實際上，這個世界遠遠沒那麼公平簡單。心懷鬼胎的人不少，思想扭曲的人也很多。行走於世間，不是你手無寸鐵，別人就會受你感化而放下武器的。

農夫與蛇的故事裡，農夫為什麼會被咬死？因為他太天真，一廂情願地認為世間萬物都和自己一樣善良單純。害死他的不是蛇，而是他的掉以輕心和不設防。

你被傷害，是因為你除了「好」，一無所有。

當然，我說這麼多不是為了打擊善、鼓勵惡。如果每個人心裡都有一束光，世界是會越來越好的。

如果好人都滅絕了，充斥的都是爾虞我詐，這個世界該有多絕望？

但你一定要記得，害人之心不可有，防人之心不可無。你不能手無寸鐵，只拿著一束花，而應當背後藏刀，刀尖向下，一旦感知到危險，也能迅速回擊。

刀能幫助對方，也能保護自己。

在街上遇到停下車問路的，我絕不會傻乎乎地坐上去，頂多幫他們指路或者請他們找警察協助。發現有人溺水了，我也會找人求救，而不是頭腦發熱就直接跳下去，讓自己可能陷入險境。

若沒有保護自己和家人的能力，我絕不會正面迎戰，而會迂迴借力。因為無力保護自己的好人，充其量不過是個有同情心的弱者，懷揣的是「愚蠢的善良」。做一個肆無忌憚的好人，只是強者的專利。

曾看到這樣一句話：「當法律不能保護見義勇為者的合法權益時，就不應該鼓勵見義勇為。」

這也是我的態度：當你的能力沒有強大到能避免自己受傷害，就請不要輕易當一個好人。因為你救了別人，卻可能殺了自己。

好人為什麼沒好報？那是因為你很弱，弱到除了善良，沒有別的選擇。

當你可以不做個好人，卻選擇了保持善意，當對方知道你的「好」不是因為懦弱和臣服，而是隨時可以收回，當他知道如果他反咬你一口，你也能隨時迅速回擊，當對方知道你的能力遠遠超過他，他才不敢輕舉妄動。

這時，你的「好」才有價值。能幫助別人，也能保護好自己。

有些傷痛，這輩子都無法修復。就算壞人和他全家都死了，好人還是會疼的。到那一天，你也許會後悔自己做了一個懦弱無能的「好人」。

我辭職了

二〇一七年二月十四日，我向工作四年的公司提出辭職。

離職的原因很多，最大的理由很離經叛道——我想全職寫作。

走出公司的那個早上，陽光很慵懶，行人照樣行色匆匆。這一天，看起來和過去四年沒什麼不同。我抱著一堆書和雜物，站在車水馬龍的路口等計程車，心裡除了意料之中的輕鬆，也突然生出了巨大的空洞。

從我兩天前提出辭職，我母親就一直極力反對。她一向以我工作的體面與穩妥為榮。在老一輩的眼中，辭職是罪大惡極的想法。在他們的觀念裡，一個女孩子最好的人生就是有一份穩定尚能糊口的工作，嫁人生子，平淡安定地度過一生。這種世俗的幸福，就像複製貼上了別人的生活一樣。

可是面對我的強硬，母親的反對毫不起作用。

其實我自己心裡也沒多少底，不上班，真的是比現在更好的選擇嗎？我真的有能力掌控自己以後的命運嗎？我得不到一個肯定的答案。但是我唯一能確定的是，我真的想試試，看看自己能做到什麼程度。即使碰壁也好，起碼我試過了，不留遺憾。

畢竟，再過幾年可能就沒得選了。如果在能為真正喜歡的事情全力以赴的時候，我選擇了得過且過。那麼數年後的我，一定會後悔。

說出來大家可別笑我，寫作曾是我小時候的夢想。

那時爸媽比較忙，我也沒幾個朋友。孤獨又不快樂的童年，閱讀就成了救命稻草。我看的書很雜，從陽春白雪四大名著，到下里巴人故事會、知音，甚至金庸、古龍的武俠小說都讓我沉迷。

在書裡，我好像能暫時逃離現實世界，逃避社交和學習，逃避不如意的現狀。書是一個視窗，讓我這樣眼界狹窄的小鎮姑娘，偶爾也能瞥一眼外面的世界。

書看多了，心裡的傾訴欲就變大。為了找到情緒的出口，我試著自己提筆寫。

我寫過中二的愛情小說，在全班傳閱，還每天有同學煞有其事地「催更」。我還經常把課文改編成小說，換來國文老師的讚美，虛榮心得到了極大的滿足。那時候我甚至幼稚地篤定，自己會一直寫下去，直到變成家喻戶曉的作家。

沒想到考上大學甚至畢業以後，逃離了「牢籠」的我，一下子就失去了讀寫的興趣。也是，長大後娛樂選擇那麼多，昏天黑地地玩網遊，跟朋友勾肩搭背去K歌，誰還靜得下心看書寫字呢？

很多人都這樣吧。

可能你曾經有過組個樂隊玩搖滾的夢，現在卻背著公事包在人潮擁擠的地鐵裡搖搖晃晃；可能你曾經做過走遍世界浪跡天涯的夢，現在卻被乏味機械的工作纏住，好幾年都沒有離開過一座城市。

而我，曾經做過當作家的夢，畢業後看了幾十部韓劇，也沒有完整地讀完一本書；喝過加起來幾噸的酒，都沒有寫過十篇以上的日記。

〈才華有限公司〉裡唱道：「坐在格子間敲打的手指，卻感覺生命此刻像是靜止。」歌曲唱出的是你，是他，也是我。

我再次提起筆，是工作兩年後的春節。

那天我在老家的房間裡收拾東西——自從上了大學，中學階段的東西我再也沒碰過。從抽屜裡，我翻到了一本塵封已久的作文本。上面還歪歪扭扭地貼著一張我青澀時期的大頭貼。

我好奇，翻開來看，裡面的一篇作文下面，有當時國文老師寫的充滿鼓勵的批語：「文字有靈氣，繼續寫下去，一定成功！」

往事和回憶洶湧而來。我突然想到，中學時的國文老師對我有超乎尋常的偏愛，那時我的作文經常成為範本在班上朗讀。在學生階段，來自老師的肯定會增長傲氣和莫名其妙的自信。

所以有一次，她在辦公室跟我談心，我對她說了以後想當作家的宏圖偉志。面對我無知者無畏的宣言，她沒有表示出一絲嘲弄的意思，只是看著我，眼神很溫柔：「老師相信你。你一定可以做到的，十年後一定能成為作家的。」

後來我漸漸長大，圈子變廣了，周圍優秀的人越來越多。我的那點可憐的優越感，早已被打壓得一文不剩。原本清晰的目標，也漸漸變得迷茫。我漸漸沉溺於安穩、不用思考的簡單日子，因為又輕鬆，又容易。

很多人所謂的「享受生活」，實際上是在墮落。

此時我才開始審視現在的自己，突然發現，什麼時候，我逐漸辜負了別人的信任，忘記了曾經的夢想？什麼時候，我居然成了一個整天沉迷無腦韓劇，除了工作和玩樂毫無追求，激情與理想被漸漸磨滅的成年人？我甚至一眼就能看完餘下幾十年的人生。

於是我開始經營社群專頁，重新提起筆，在被安穩溺死前，努力掙扎了一回。從最初的幾十個按讚，到現在的十多萬訂閱，兩年來，我一直利用下班後和週末的業餘時間來經營。因為我寫作速度奇慢，所以越來越心力交瘁。

直到有一次，我跟朋友抱怨，說自己因為經常熬夜寫文章，頭髮掉得越來越厲害，都快禿頭了。她聽完很認真地問我：其實你有沒有想過專心寫作？

現在我想對這個朋友說：你看，我真的做了。

從決定辭職到離開工作單位，我僅僅用了兩天。但我心裡很明白，這樣的決定是很衝動，但並不盲目；是很愚蠢，但有時候也需要愚蠢的勇敢。因為，我不想再做一個必須在工作和夢想中取捨和抉擇，在生活夾縫中艱難喘息的中年人。

你們有沒有在網路上看過下面這段話？

你十五歲，騎自行車上學，偶爾坐公車，上來一個穿學校制服的，會多看兩眼。而那些臃腫的中年大叔和提著菜的歐巴桑，在你眼裡都是隱形人，只有下車時被蹭到了，你才終於注意到這麼一個人，衣服上有股塵土味。你心裡想，我長大了不會活成那樣子。

大叔走出去好遠，回頭看了你一眼，心裡有些波動，想起了十五歲的自己。

對於漸漸麻木、幾乎被生活榨乾的我們來說，似乎有些理想和堅持，早就和十五歲的我們一同埋葬在過去。

年少時我們都懷抱夢想。十五歲的我，課堂上和隔壁同學傳紙條也曾立下過豪言壯語。我說以後，我一定要當個作家，被很多人知道，出一本自己的書。同學笑嘻嘻地說，我想當個風靡全世界的歌手，做華語樂壇的頂尖人物。

這樣的夢想幼稚嗎？並不。嘲笑別人的夢想的，才真正可笑。

可惜後來的我們，漸漸忘了以前許下的誓言，變成千人一面的人群中庸碌的一分子。體態變得臃腫，愛好通通放棄，在溫水煮青蛙的環境裡，幾乎沒有掙扎，就成了生活的犧牲品。

我為什麼要辭職？

我知道很多人會在背後笑我傻。傻得好笑，放棄穩定的工作，想用虛無縹緲的夢去支撐生活。他們嘴上說希望我圓夢，但看著我離去的身影，偶爾也會有人這樣想吧：你是哪裡來的盲目自信？你真的以為自己能靠寫幾個字過上想要的生活嗎？

但是我沒有停留，耳機裡趙雷唱著：我的理想就是，理想不再是理想。

或許我以後也會泯然眾人，或許有一天我終究會向生活妥協。可是現在的我，不想就這樣放棄。我想努力掙扎一下，萬一夢想實現了呢？

這個世界呀，哪有什麼注定的事。平淡和貧窮都不是平庸，心裡空空如也不敢做夢，才是真正的平庸。人到了一定年紀，最大的悲哀莫過於：曾在我心中執劍的少年，如今混跡於市井之間。

我買了一千元的包包，很丟臉嗎

前幾天在社群平台上傳了張自拍，包包不小心入鏡了。有個讀者在下面留言：鈴鐺你這包好看耶，什麼牌子的？

我說，網拍買的，一千。要連結嗎？我傳給你。她留了一個尷尬的表情，說不用啦，一千元的包你也敢背啊？

我馬上點進去看她的主頁——滿滿都是名牌包和名牌化妝品。

我笑笑，沒再回應。

對，我的包只要一千元，但是蠻好看的。我不能眼睛一下都不眨地買下 LV、Chanel，逛網拍是我的日常。

那又怎麼樣？

說起來好像很坦然很瀟灑，who cares 的感覺。

但以前，我也會因為穿得廉價、沒見過世面而窘迫。從虛榮自卑到坦然接受，我花了整整八年。

我的老家是一個偏遠小城。從小家境普通的我，對各種名牌一竅不通。父母一直沒買車，年輕小女生嘛，大學看見室友的爸媽開車接送，也會暗地裡羨慕。

大一的時候，有個開名車的男生瞎了眼說要追我（現在我都沒弄清楚到底是什麼車），第一次約我出去玩，到寢室樓下接我。年少的我，感覺自己虛榮到不行。

那天我開心地坐上他的車，他說我的椅子太高了，叫我調整一下座位。從小到大都只坐過計程車的我，漲紅了臉在座位兩邊亂摸。他看見我手足無措的樣子，噗哧一笑，說第一次坐車？

我感覺臉瞬間燒起來了，立刻激動地否認。呵呵，你說誰沒坐過車呢？

回寢室後，我刪了他的聯絡方式。

第二次遭遇類似的窘境，是大學畢業以後。我應邀去參加了一個不太熟的圈子的聚會。因為塞車遲到，進門的時候七八個女生把我從頭到腳打量了一遍。

我那天渾身上下不超過兩千元——網拍買的T恤短褲，還有一個底都磨得發白的斜背包。

落座以後，女孩子的話題當然離不開包、鞋和化妝品。她們聊得熱烈，卻對我視若無睹，偶爾不經意才會瞟一眼。

我聽了半天才知道，在場所有女生背的都是幾萬塊錢的名牌包，做個頭髮也要好幾千塊錢。我臉上掛著僵硬的微笑，全程把我的包包緊緊捂在懷裡，無地自容。

那天聚會結束後，我看了一整晚的購物網站，把那些我咬咬牙能拿下的奢侈品，反覆放進購物車又刪，最後還是捨不得買。

我是什麼時候開始坦然接受自己的「窮」呢？可能是從那年跟彥祖吵的那架開始。

那天我和一個經濟能力不錯的朋友見面。去之前我沒有想太多，隨手拎了個一千元的包出門了。便宜貨，品質也不會太好，所以在大街上，當著那個朋友的面，包包的帶子突然斷掉了。

然後我聽到身後傳來很輕微的一聲竊笑。

我相信她絕對是無意的，我看到別人出糗也會忍不住發笑。朋友很善良，察覺到這反應會讓我尷尬，馬上噤聲。

但是我覺得很丟人。因為當時她手裡拎著一個十幾萬的香奈兒包，而我一千元的包帶子卻在她面前斷掉了。當時我立馬手忙腳亂地把帶子接起來，胡亂一塞，然後抱在胸前。做完這些，我的眼淚都忍不住掉下來。

如果身邊都是跟自己經濟能力差不多的朋友，人從來不會覺得窘迫。自卑，從來都是源於比較。也有無意中被刺痛的自尊。

回去以後，無處發洩的我和彥祖發生了爭吵。我嚷嚷著要買一個昂貴的包。馬上就買，立刻就買，一秒也不要等。

現在想起來，跟他吵架是很沒道理的。他有什麼錯呢，憑什麼為我的虛榮買單？

而當時他在氣頭上說的一段話，也像從頭潑下的一盆涼水，立刻讓我沸騰的腦子清醒下來：「你買啊，我從來沒阻止你買。可是你要想清楚，你為什麼要買這個包？是因為你真的喜歡想要，還是單純因為互相比較？或者只是被刺激了，需要這個包幫你找回自尊？買了這個包，是不是能讓你高貴起來？還是區區一個包，就能讓你擠進別人的圈子裡？」

聽完他說的，我漸漸冷靜下來，然後向他道了歉。
後來我一直記得這段話，甚至一直記到今天。

現在的我，其實漸漸地也有點積蓄了，狠下心，也能買幾件奢侈品。可我不再對消費有執念。

我仍然背著一千元的包，出門仍然坐公車。偶爾逛社群網站看到別人全世界旅遊曬奢侈品，羨慕地按個讚之後繼續吃我的泡麵。

有人問我包和鞋多少錢的時候，我大大方方地報出價格。有些人會尷尬一笑，然後岔開話題；有些人會兩眼發光地說這麼便宜，立刻大呼小叫著要我傳連結。

無論我過得如何，無論我是否身處珠光寶氣之中，我也不會再覺得窘迫。

因為我知道只要努力，這些東西我早晚都會有。

不是以一種咬著牙紅著眼、奮力去搆的姿勢，而是到了那個時候，一切都自然而然。是買喜歡的東西，而不是買自尊，就算很貴也沒問題，就跟吃飯睡覺一樣，輕鬆簡單。

我從未否認過我的虛榮。

我愛錢，想要過上更好的生活。我還是會想要奢侈品，還是會嚮往幾千上萬一頓的高級餐廳，還是會羨慕買東西不看價格的人，但是我再也不會因為別人比我過得好而感到自卑，也不會因為怕被人看不起而虛張聲勢，或者打腫臉充胖子。

為什麼要去欺騙或者掩飾？我們年輕，所以窮得理直氣壯。想要更好的東西，就努力賺錢去買；暫時沒有能力，就一邊奮鬥一邊期待。

在我看來，沒錢，從來不是一件羞恥丟人的事，因為窘迫而盡力掩飾，這才是難看的姿態。

Part 2

他只愛你高跟性感，卻從不關心你磨不磨腳

婚後爸爸對我說：這裡不再是你家

小易覺得，自己在這段婚姻裡，就是個不折不扣的「小三」。

小易的老公叫阿東。

從小，阿東父親一直在外忙生意，阿東就由母親一手帶大。母子倆可以說是同吃同住同經歷苦難，所以他在精神上，對母親也有著巨大的信任和依賴。

無論婚前婚後，他遇到任何事，第一反應就是找媽媽商量。直到高三，他還和媽媽睡同一張床，工作以後更是整天唸著「我媽很辛苦」，月薪五萬元，轉帳給母親四萬五，平時就花小易的。

結婚後，婆婆篤定了兒子站在自己這邊，也不跟小易商量，就擅自打包了行李，以「照顧兒子」為名，在他們家住下了。

從此以後，婆婆就成了家裡真正的女主人。

平心而論，婆婆確實很好——每天夫妻倆下班回到家，開門就有熱騰騰的飯菜等著，家裡打掃也不用操心，到處都一塵不染。

但我相信，只有和長輩住在一起的年輕人，才知道有多不方便。

每天下班回家，小易想在沙發上休息一下都不敢，因為婆婆在做家事，你怎麼好意思？洗完澡出來要穿得整整齊齊，夫妻倆更不能有什麼親密舉動，因為婆婆看到會尷尬。

婆婆控制欲非常強。大到家裡東西怎麼擺放、夫妻倆幾點上床睡覺，小到電視和冷氣遙控器，她都得牢牢掌控在手裡。有一次，就因為小易沒把牙刷放進杯子，被婆婆嘮叨了半個小時。兩人偶爾出去約會看電影，每十分鐘，婆婆就會打電話叫阿東回去。

只要有一點忤逆，婆婆都會哭天搶地：兒子白養這麼大，有了老婆忘了媽！

阿東倒是習慣了，從小到大什麼事都有人安排好，樂得清閒。小易可不行。

她跟阿東抱怨，他總是一句話頂回來：「我媽也很辛苦。你就懂事一點，忍忍吧。她這麼為我們付出，你應該要感激啊！」

時間久了，她也不再說了。只是經常下班回家，看著自己的丈夫給婆婆捶背、婆婆給丈夫熬湯，她就覺得自己像個身在局外的隱形人——

她就在想：這到底是婆婆的老公還是我的啊？

小易不知道，**好的婚姻，是「有了老婆忘了媽」**。

結婚五六年，小汪也快被逼瘋了。

他有個家庭觀念非常重的妻子——當然，是對娘家而言。

婚前，妻子家的親戚就經常來借錢。孩子上學，借兩萬元；弟弟生病，借兩萬元；舅舅兒子娶老婆，借十萬。遇到這種請求，妻子總放不下面子。

「好歹也是一家人嘛。」妻子總這麼說，他也拿話這麼安慰自己。

可她一個月薪水也才兩萬多啊。這錢誰出呢？當然是小汪了。這些錢自然也是肉包子打狗，有去無回的。畢竟親戚之間，談什麼還不還錢的！真俗氣。

可自從兩人拚死拚活，貸款買下一間房子後，情況更難以控制了。

他家頓時成了人流集散地，床單一個月要換四次：親戚們聽說後，紛紛攜家帶眷過來作客。他們兩人的家，就成了她那些親戚眼裡名副其實的「免費旅館」，而他呢，則成了「免費司機」。

平時工作已經夠累了，週末還得「無怨無悔」地帶他們出去玩。不僅包吃包住包導遊，還得陪笑臉，就怕被親戚背後吐槽，說他們夫妻倆招待得不夠客氣。

正常的生活節奏被打亂就算了，每個月那點微薄薪水根本不夠接待這些人。時間長了，兩人時時刻刻神經緊繃，就怕接到親戚打來的電話。幾乎永無寧日。

說起來，這都要感謝小汪虛榮的岳父岳母。他們在老家逢人就吹噓：我女兒和女婿混得很不錯，不僅買了房子，一個月還能賺好幾十萬！

小汪說，好好的日子怎麼會過成這樣？

小汪不明白，**好的婚姻，得學會「六親不認」**。

朋友同事張姐，跟上面兩個故事的主人公相反。

她就是那種典型的「無情無義」、「親情淡薄」的女人。

結婚時，她力排眾議，拉著老公買了個二十坪的小坪數房子。兩房一廳，其中一間還布置成了書房。所有人看了都說太小了吧！以後爸媽來住不方便，而且萬一有親戚朋友想來玩呢？

她微微一笑：「親戚朋友過來，我們請他們住飯店。爸媽來住，不想去飯店，我就睡沙發。沒什麼不方便的，買大了才不方便呢。」

後來朋友私下問她，你們猜她怎麼回答的？

「我不想我家變成旅館。」她笑嘻嘻地說，「買個小坪數，能確保我們的二人世界不被打擾。他們過來也沒關係，我從不吝嗇住旅館這幾千塊錢。」

借錢也是，親戚朋友誰沒有難處？可她堅持的一點就是：不管多親近，必須簽借據。

「這跟關係親疏沒關係。如果你真的非常需要這筆錢，也不會覺得我讓你寫個借據就是不信任，就是傷害了你。只有用道德綁架我，要我看在血緣關係的份上，冒著風險借錢給你，才是傷害了我們之間的感情。」

結婚後，她從不會私下貼補娘家，更不會讓丈夫暗地貼補婆家。禮物從來都買雙份，拿錢孝敬也是兩頭都很公平。

她也不允許父母、長輩，以關心的名義介入自己的婚姻。他們有贍養父母的義務，父母卻絕沒有干涉他們家庭的權利。

大家說她冷血，她卻沒有解釋，只說了這樣一番話：我做任何事，都是為了這個家好。不是娘家，也不是婆家，而是我和丈夫孩子的那個家。

張姐知道，**好的婚姻，有時候要不那麼「孝順」。**

在我看來，比起孝順的阿東和注重親情的小汪老婆，最冷血的張姐，才是最懂婚姻智慧的女人。

為什麼有些夫妻會爭吵，會有矛盾，甚至最後會離婚？

因為他們心裡從沒有這樣的想法：結了婚，我們倆才是一家人。

他們的心還在以前的家庭裡——那個有父母兄弟，自己像個寶寶一樣被呵護的家庭。

他們不覺得妻子／丈夫才是自己最重要的人，是要與自己相伴一生的人，也從沒有把對方的家人看作自己人。所以會有無休止的婆媳大戰，會有「婚後該不該和父母住」、「老公為什麼總借錢給親戚」、「妻子為什麼拿錢回娘家」的問題，會不斷有明裡暗裡的利益爭奪。

因為建立家庭的兩個人，都還沒斷奶。

這兩個「嬰兒」從未意識到：自己已經從原生家庭剝離了，現在的家才是以後永遠的家。除了自己的伴侶和子女，其他人都只能算親戚。你可以愛他們，也可以幫助他們，但是絕不能犧牲自己的家庭去成就他們。

好的婚姻，是時刻謹記，**結婚後「你家」不再是你家。**

幸福的婚姻，是怎麼樣的？

首先，是割裂自己和原生家庭的紐帶。

比如，不要總想著「回家找媽媽」；比如，不讓父母干涉自己的家庭；比如，不和父母住一起。

最後一點很重要，即使和老人家住在同一個社區，也不能同在一個屋簷下。因為一個家裡，只能有一個女主人和一個男主人。自己家的女主人是自己，男主人是丈夫。婆家的女主人是婆婆，娘家的女主人是媽媽。

每個人都有自己的位置領域和統治權限，越界就意味著混亂。

只要跟長輩同住，就很難不被約束、控制，也很容易產生兩代人觀念上的分歧和矛盾，因為在父母眼中，我們永遠是該被照顧和管教的孩子。

這樣，年輕夫妻也就永遠不可能懂得，如何獨立經營婚姻和家庭。

其次，最需要你愛的人，永遠不是你的父母，而是你的伴侶。

我看《歡樂頌2》，包奕凡把安迪的身世秘密透露給了母親。安迪傷心大怒，包奕凡辯解：我是為了你好……她畢竟是我媽，懷胎十月養大我，她也很辛苦！

為什麼很多家庭婆媳關係十分緊張？因為在大多數男人眼裡，為自己付出最多的是母親，不是自己的妻子；最需要愛的也是母親，不是妻子。

這是大錯特錯的想法。

要知道，血緣關係是永遠剪不斷的線，即使你再渾蛋，你的母親也永遠是你母親，大部分父母都會無條件地愛自己的孩子。但是妻子不會。如果你對妻子不好，她是會跑的，愛情是會被消磨的。

父母愛孩子是本能，而妻子對你好，或者甘願為你去努力修復婆媳關係，這不是天經地義，而是因為愛你。

真正和諧的家庭關係，是以伴侶為重心，夫妻關係和諧了，這個家庭才會好。所以你最應該疼的，不是母親，而是妻子；最應該疼你媽的，是你的父親，而不是你。

你不能要求一個沒有血緣關係，也沒有和你媽從小在一起生活的妻子，只因為愛，就得無怨無悔地忍受。「我媽很辛苦」也不行——所謂冤有頭債有主，誰媽辛苦誰彌補。

在婆媳關係上，應該是你對妻子好，妻子對婆婆好——這才是一個良性循環。而不是，你疼你媽，她欺負你妻子，妻子埋怨你，你和母親一起攻擊她——這種婚姻，沒幾天就會離。

最畸形的家庭關係，就是只有母子關係，沒有夫妻關係，父親在家庭中，是缺席的存在。可怕的是，這樣的相處模式，往往會一代代地傳承下去。

如果兩人結婚後，凡事還是只為自己以前的「家」考慮，為了各自的利益勾心鬥角，整天只想著自己怎麼多占便宜少吃虧，那麼這段婚姻，早晚會分崩離析。

永遠記住一句話：結婚後，雖然爸媽還是你爸媽，你還是愛他們，那個家，卻不再是你嚴格意義上的家了。你和伴侶新建立的那個家，才叫家。

做任何事之前先想想：這對我的家有好處嗎？我的伴侶會有什麼感受？換位思考，他能接受這樣的安排嗎？

結婚後，再怎麼吵架，也不要動不動回娘家；再孝順，也不能當提款機；再心疼母親，也不能委屈妻子；再放心不下父母，最好也不要住在一起。一定要經濟獨立，否則無法脫離原生家庭。

時刻提醒自己：身邊的這個人，才是將來的幾十年裡，會陪你共度一生的。相濡以沫，休戚與共，這才叫婚姻。不然只能叫貌合神離。

婚後遇到真愛怎麼辦

婚姻不是遊戲。

說起結婚，記得小時候和鄰居家男孩扮家家酒，那時，我披著餐布當白紗，他舉著易開罐拉環跪在我面前，口齒不清地許下「婚姻的誓言」，轉眼就會因為爭一塊餅乾而決定「離婚」，甚至反目成仇，大打出手。

過幾天「復婚」了，兩個人又甜甜蜜蜜。結果後來認識一個更帥的小男孩，我頓時棄暗投明。

成年人的婚姻當然不是扮家家酒。除了愛，每個人也會深思熟慮，朝對自己最有利的方向考慮。而且和父母那輩「婚姻就是一起湊合過日子」的觀念不一樣，現在的人越來越「自私」，不那麼願意湊合下去。

所謂婚後遇到的真愛純粹是荷爾蒙作祟。

婚後嚷嚷著自己遇到真愛的，可能大部分都是貪新鮮吧。這就好像一個人吃慣了蘋果，偶爾也想試試橘子。但他們心裡知道蘋果更有營養，不會為了吃橘子就戒了蘋果。

婚後遇到所謂的真愛而出軌的人，大部分還是抱著找刺激的心態，因此伴侶一鬧說要離婚，他們立刻嚇慘了，權衡一下利弊，還是跪下求饒反省為好。

網路上這種狗血的文章特別多。這些人的行為不受理智支配，激情承諾時說離婚娶你輕鬆得猶如放個屁，但要是真的危及家庭、危及工作了，他們翻臉比翻書還快。

還有一部分婚後遇到所謂的真愛而出軌的人，就是發自內心地覺得：我愛著這個人。在錯誤的時間、地點，遇上了對的人。生命太短，刀山火海我也只想和他在一起，不想將就過一輩子。

說真的，今時不同往日，媒妁之言的婚姻少了，大部分都是自由戀愛。不愛為什麼結婚啊？交換戒指的時候，難道不是發自內心覺得對方是自己今生摯愛嗎？許下誓言的時候，難道不是下定決心要一生一世一雙人嗎？婚後才遇到「今生摯愛」，雖然也不是不可能，但你早幹嘛去了？

哦，你說以前不懂愛，遇到第三者就懂了。那我也不能阻止你，當代的梁山伯與祝英台，真愛流芳千古。祝你們幸福。

當然，還有一種可能，就是婚後激情褪去，自己才發現：想要攜手一生的這個人，實際上和自己根本不是同路人。他喜歡甜，你偏愛辣，彼此不願妥協。溝通時雞同鴨講，三觀南轅北轍，這段婚姻沒有絲毫可留戀的地方，只充斥著謾罵、爭吵等負能量。

這種婚姻，遇到更合適的對象時，要不要「離婚」呢？

小蘿的父母是自由戀愛。

她爸家境優渥，畢業於知名學府，是當時少見的大學生。媽媽是國中輟學就出來工作的小女生，在一家旅館上班，長得美，個性又潑辣。在一次飯局上，她爸對她媽一見鍾情，在她爸的窮追不捨下，兩人迅速墜入愛河，還私定終身。

一個前途光明的大學生，要娶一個國中肄業、家境貧寒的女人，怎麼相配？當時小蘿的爺爺奶奶死也不同意。她爸一意孤行，甚至冒著和家裡斷絕關係的風險，和她媽結了婚。

戀愛和初婚階段當然是甜蜜的，但生活不是談戀愛。隨著兩人瞭解的加深和相處時間的推移，裂痕漸漸出現。最初他們雙眼被愛情蒙蔽，對方的缺點都顯得那麼可愛；後來走入現實的婚姻，才知道三觀差異有多讓人噁心。

‧消費觀懸殊，加大彼此分歧

結婚的時候愛得天昏地暗，自然不覺得家境、消費觀、學歷懸殊有什麼問題。但當你說的笑話她聽不懂，你的情調她覺得多餘，她的節儉和錙銖必較，你從最初的欣賞和無所謂，漸漸變成厭煩，你還覺得愛情能解決一切問題嗎？

小蘿還記得有一年生日，自己淚眼汪汪地賴在商場的玩具櫃檯前很久。她看中了一個穿得很樸素的芭比娃娃，只要一百元。她還從沒擁有過一個娃娃呢。

爸爸心疼孩子，已經掏錢打算買，卻被板起臉的媽媽一手拍了回去。「小孩子買那麼多玩具幹嘛？一百元都能買好幾斤肉了！」

是啊。在她的觀念裡，錢都是用來生存的，而不是用來生活的。就算小蘿爸和她的收入已經足夠擔負生活還有許多結餘，她也照樣逼一家人過緊巴巴的苛刻日子。

孩子的玩具、一家三口的旅遊、偶爾到餐廳吃飯、去郊外燒烤郊遊——在小蘿的記憶裡，統統沒有。小蘿媽認為，生存以外所有的生活情趣開支，都是沒有必要、毫無意義的。

如果婚姻就是純粹的吃飯睡覺，那生活哪裡還有任何樂趣可言？

小蘿永遠記得那個沒買到的娃娃，也記得全家十多年來每一件穿到破洞的衣服，還有父親每次興高采烈地提建議卻永遠被否決，露出的無可奈何的表情。

・學歷見識差異，溝通時雞同鴨講

從小到大，小蘿每天回家後，爸爸永遠是戴著眼鏡默默翻書，媽媽則被電視肥皂劇逗得拍桌狂笑。

除了小蘿的課業和柴米油鹽，他倆在家幾乎沒有交流。

他們也不是沒有試過聊天。小蘿爸和小蘿媽聊經濟危機，她說今天的白菜又貴了兩塊錢。小蘿爸沒事愛寫點文章，而小蘿媽，就連最簡單的描述一件事，也總是結結巴巴。

每次吵架，小蘿媽都會對小蘿爸劈頭蓋臉地罵，用詞不堪入耳。精疲力竭的小蘿爸，就癱在沙發裡一言不發，默默抽菸，他一直以來受到的良好的家庭教育，不允許他開口反擊。

朋友之間如果沒有共同語言，聊不來，就會漸行漸遠。夫妻卻會被強行捆綁在一起，相對無言地生活一輩子，想想都可怕。

從小看著父親在母親的高壓下變得越發沉默，不愛回家，小蘿有時候甚至覺得，就算他出軌了，自己也能接受。

雖然有些極端，但也能說明一些問題。這樣雞同鴨講的婚姻，能維持多久？如果遭遇了更善解人意的第三者，恐怕也會比一般的婚姻更加不堪一擊吧？

猴子摘了西瓜，卻發現最愛最合適的還是丟掉的芝麻。

你們相愛、合適、聊得來，一切都合拍，婚後卻遇到更優秀的異性呢？對方多金、幽默，三觀還合，你想棄暗投明，我也不能說什麼。畢竟人往高處走。許多人忠誠，是因為背叛的籌碼不夠。看膩了老實本分的人，面對吳彥祖的狂熱追求，有幾個人招架得住？

但是你也要知道，婚姻這個東西，代表著契約精神。一紙婚書，承諾的是不離不棄，保障著一個家庭的穩定。不然孩子該怎麼辦？一方不高興了，就隨時幫孩子換個爸媽嗎？

誰不想嫁吳彥祖？誰不想娶劉亦菲？但這個世界上永遠沒有「最好」，只有「更好」；也沒有「最愛」，只有「更愛」。愛無止境啊！況且再美的花也會凋謝，再多的溫柔體貼，在生活的瑣碎中也可能消失殆盡。

拋卻人類喜新厭舊的天性，我相信不少「愛上別人」的例子也許因為伴侶的忽視和彼此太不懂經營婚姻，才會讓「真愛」乘虛而入。

你的每一分好
都成爲我拒絕別人的理由

任何人都該知道，幸福其實是靠自己守護和保衛的。

小時候聽的童話故事裡，結局總是王子和公主結了婚，幸福地生活在一起——但作者不會告訴你的是，任何人婚後都有雞毛蒜皮和爭吵不堪。王子和公主也會打架，甚至離婚。

婚姻並不能給愛情萬無一失的保險。再好的感情，也可能被損耗殆盡。天作之合，也會因為彼此不懂經營而分崩離析。

身為妻子，丈夫生病後你為他端上的每一碗湯，加班時你為他送去的每一頓飯，睡前親吻額頭和他臨上班前的每一個擁抱，都可能會成為他遇到心動女人時，無堅不摧的盔甲。

而身為丈夫，每次妻子脆弱時你給的溫暖臂彎，她的生日和紀念日你送上精心挑選的禮物，天長日久的陪伴和相濡以沫，這些都會成為她遇到更優秀的對象追求時，她拒絕別人的理由。

你不會被更優秀的人吸引視線，是因為，你心中已經有了最完美的伴侶啊。

但如果你覺得現在的婚姻平淡無聊，索然無味，伴侶身材發福，形象全無，此時卻正好出現一個撩動你心弦、讓你的心臟久違地瘋狂跳動的對象，你覺得生活頓時充滿了激情和樂趣，好像一切都變得有了意義。原來，這就是此生摯愛啊。

你被吸引了，我不怪你。但你也要明白：禿頭的老公也曾是個白衣勝雪的美少年，只是為賺錢養家而徹夜工作，脫髮才越來越嚴重。大肚的老婆也曾有過楊柳腰，只是出於對你的愛，辛苦懷胎十月，才會無法恢復身材。

因為走入婚姻，意味著為愛能有個港灣而付出代價——甘願為對方變成平庸瑣碎的凡人。

但如果你說，你們之間沒有愛，你們的婚姻完全是草率結合，只是因為到了該結婚的年紀，面對父母的逼迫和別人的指指點點，你妥協了，僅此而已，那麼你要離開也不能說是錯。

我想，世界上最痛苦的事情，可能就是隨便選擇一個人做自己的終身伴侶吧。

但出於責任感和道德感，先放手的那位，至少應當給予留下的那位經濟補償和精神撫慰。最好是當初你就不該被推著走，而應該堅持對自己的人生認真負責啊。

婚後遇到此生摯愛，要不要離婚？不同的人，我想會有不同的答案。這個答案在你和伴侶單獨相處的每一刻，在你的心被他溫暖或澆濕的每個瞬間，在你心中被雪藏。

等到離開了不能回頭時，你才會明白，自己內心真正想要的，到底是什麼。

愛情不是中低收入戶，不需要你的憐憫

小葉甩了戀愛五年的男友。

早在一年前，她就發現自己對男友的愛已經消失了。但當時男友生意失敗，她不忍心在男友人生最低谷的時候離開他。此後，男友一直在找工作，這期間兩個人日常大部分花銷都是她負責。

雖然這段感情一直因為同情而苟延殘喘，但人不愛時的表現很明顯：心不在焉，毫無耐心，容易發火……直到負面情緒到達頂峰，她終於還是下了離開的決定。

男友沒有問理由，彷彿早已做好準備。因為愧疚，她把自己所有的存款都給了他。

離開的時候，兩個人最後一次擁抱，一感覺到對方胸膛的溫度，小葉的淚就掉下來了。同時她也感覺自己的肩膀，正被滾燙的液體打濕。

她不敢抬頭。

彼此都明白，這一別後就不知道何日再見了。

小葉說：「鈴鐺，我真的覺得我很壞。他和我在一起時，什麼都給了我；離開了我，就什麼都沒有了。他那麼窮，我走了，他該怎麼活下去？可我不愛他了呀。我不可能跟他結婚的。你覺得我是不是做錯了？」

怎麼是錯呢？雖然下決定很殘忍，但是你抱著一顆不愛的心與他逢場作戲，這種欺騙更殘忍呀。愛或不愛就是沒有理由的。愛情不是濟貧扶弱，裡面也不應該有同情。

有個讀者告訴我，她最近分手了。她男朋友是地下樂團鼓手，留著不羈的長髮，一貧如洗。她為男生的才華和甜言蜜語所征服，發誓要嫁給他。

男生深情地抱著她：「你真是個好女孩，我這麼窮……我以後一定會對你好的！」

為了支持男友專心玩音樂，她一個人打三份工。因為太累，她容顏逐漸枯槁。男友沉迷音樂，每天吃完飯就出門去排練，沒錢了就跟她拿，對她的溫柔卻越來越少。他的解釋是太忙。她為了賺錢養他，每天疲於奔命。晚上精疲力竭地躺在床上時，她偶爾也會懷疑自己：我這樣的選擇到底是不是對的？

在離結婚還有幾個月的時候，她無意中發現，男友的手機裡有陌生女人發來的曖昧訊息，看聊天記錄，關係匪淺。她看到以後，沒哭也沒鬧，心情居然平靜如水，甚至還有些解脫的感覺：終於有理由分手了。那時她才知道，兩個人之間的愛情早就沒了。

你可能會問，她是因為被背叛了，所以才分手嗎？

不是的。

「你變得那麼貧瘠，對我的感情早已乾涸，只剩一片荒漠，我又何苦用虛無縹緲的責任感，把兩個同床異夢的人拴在一起？」

愛情和劈腿以及人品無關。在走進婚姻之前，只要不是腳踏兩船、另找新歡，任何人不愛了，都有權利瀟灑說再見。

當一段感情結束的時候，被拋棄卻還愛的那個人會遭受巨大的痛苦。

有些人會歇斯底里地質問，有些人會低三下四地挽留，還有些人，抬著頭、酸著眼，收拾好行李挺胸離開，但走出去的那一刻，淚已洶湧。

一段關係裡先鬆手的那個人，也會承受巨大的壓力和非議。所以越懦弱的人越喜歡拖著不說，直到最後兩敗俱傷。但其實先說出口的那個人，是最勇敢的。因為愛這件事，就是不能控制的啊。

當初我就是看著你的眉眼就會抑制不住地心動，你牽著我的手，我滿心雀躍。所有最好的東西都想給你，為你開心我能付出所有，即使得不到回報。

後來愛情消散了，也是說不出理由的。當初那些最可愛的缺點都變成我無法忍受的眼中釘，你在我眼中越來越平凡直到毫無吸引力。這時候還堅持下去，不是對你好，而是在欺騙你，浪費彼此的時間。

就算你看起來那麼弱，我也只能當個壞人了。

因為愛情不是濟弱扶貧，而是發自內心地靠近和欣賞啊。

所以對不起，這場拔河，我要先鬆手了。提前告訴你，是避免你摔得太難看。

別恨我，別認為我說過的「永遠」是在撒謊。分手時抱歉地說不能攜手到白頭了，並不代表在一起時天長地久的承諾就不是真心的。

我們為什麼要結婚？就是因為愛情這種東西，太虛無縹緲了，隨時可能滋生，也隨時可能消弭。

大部分女人比男人更急迫地想走入一段婚姻，就是因為女人更需要一紙婚書帶來的安全感。所以只要沒有結婚，分開就是一件太正常的事情。如果每一段戀愛都必須要求個結果，那又何談「一生一世一雙人」呢？

如果你問我，沒有愛了，要不要分手，我不問背景、不提理由，一概回答：分。**大家的時間都很寶貴，別隨便浪費敷衍就是真誠。**愛情很自私，愛情不是做慈善，不會因為希望對方幸福，就把愛人拱手讓人；也不可能因為同情或者愧疚就維繫一段關係。

這些都是「聖母心」，不是愛。

如果沒有發自內心的崇拜與欣賞，如果在一起時不能互相學習和支持，如果沒有旗鼓相當的地位和實力，分手根本就是早晚的事情，有什麼好對不起的呢？用欺騙的態度對待一段感情，因為不忍心而維持一段關係，這不是善良，而是傷害，是對愛情的侮辱。不愛了就分吧，總好過結婚了再離。

那些在愛情裡不敢要求的女生

上週大家約著一起去KTV唱歌，十點多的時候，醉醺醺的女孩小梨起身，說自己要回去了。

我挽留她：「這麼晚了，你還喝多了，等會兒跟我們一起走吧。」她趕緊推辭，說自己晚上回去還得加班寫企劃案。

我當時腦子短路了，冒出一句：「叫你男朋友來接你。」說完我就想甩自己一個耳光，暗罵自己：說話不過腦子的傻東西。

小梨愣了一下，眼神有些黯然，而後淡淡地說了一句：「他不會來的。」

是的，男友不會來接小梨。因為男友覺得，

再晚她也能一個人回去。

小梨愛得謹小慎微，是眾所周知的事情。

假如小梨晚上加班太晚，打電話要他來接，男友會很不耐煩地反問她：「外面能有多黑？那麼多路燈，自己回來能有多不安全？社會沒那麼危險。」

在大街上不能牽手，也不能上傳合照到社群上，死纏爛打也不行，因為她男友社群帳號裡有太多生意夥伴，在男友看來：曬恩愛太幼稚，會被人恥笑。

看見疑似曖昧訊息不能質問，否則他就會大發脾氣：「你這是不信任我！」她也鬧過，但男友只是說：「這麼不滿意這段感情，就分手啊！」

她捨不得分，還是這樣忍下來了。然後她學會了一個人搭計程車回家時記好車牌，有女生傳訊息給他，她都假裝沒看到，男友說自己要加班又不能陪她去吃飯，她也只是淡淡地說一聲「知道了」。

不問也不鬧。

每到這時候，我都會恨鐵不成鋼地罵：「你這叫談戀愛嗎？你這是守活寡！他要真的死了還算乾淨，活著反倒占著茅坑不拉屎，你這戀愛談得多委屈？」

她總是笑一下說：「一個人也可以的啊，我習慣了。」

什麼習慣啊，都是放屁。

那年在電視台實習，我一個人住。有天中午我穿著睡衣出門倒垃圾，關門的一瞬間我就石化了：我沒帶鑰匙，全身上下就帶了一支手機。當時我是茫然的，甚至考慮過當晚要去警衛室打個地鋪睡覺，隨即又覺得地上太硬就否決了。

那時候彥祖在學校準備畢業論文口試，爸媽也離得很遠，遠水救不了近火。權衡利弊之下，我還是戰戰兢兢地打電話給彥祖，請他送鑰匙給我。

他在電話裡聽我說完，先劈頭蓋臉地把我罵了一頓，然後表示馬上坐車過來（當天下午他還要口試）。一個小時以後，滿頭是汗的他像天神般從天而降，我彷彿看到他渾身散發著金光。

我們倆都沒想到，世界上有種職業叫鎖匠。

但當時我真覺得很幸福。當一個女生偶爾做蠢事、給人添麻煩、發小脾氣的時候，能有個願意包容自己的人，是多棒的事情啊。我想，這就是愛吧。

不愛你的人呀，希望你比誰都獨立；愛你的人，就把你活活寵成傻瓜。

每段愛情剛開始時，彼此在對方眼中都很完美。女生特別懂事體貼，男生特別溺愛包容。小梨也是如此。但為什麼她這樣的女生，會變得越來越不敢任性呢？沒別的原因，就是她男友不愛她啊。至少，也是愛得太稀薄。

在我們爭取一段感情裡自己應有的權益時，總有這樣的男生跳出來，理直氣壯地說：「成年人的愛情，就是不給彼此找麻煩。」

但這還是談戀愛嗎？如果只是相敬如賓地一起吃飯睡覺，只能叫室友或者炮友吧。

上次我就在網路上看到一個段子，說一個男人得意揚揚地發文炫耀：「我老婆，可自己在家睡，可自己去逛街，可自己去旅遊，可自己做飯，懷孕可自己去做產檢，可自己帶小孩，你們敢在她面前自稱女漢子？」

有個網友冷冷地回：「在我們這通常說這是寡婦。」

一個在愛情裡不敢要求的女孩，不是太自卑，就是心死了。

一個明明你很正常卻總說你任性的男人，不是不愛你，就是變心了。

如果她喜歡你，你就會知道：女生就是會撒嬌、發脾氣、動不動掉眼淚啊。

女生就是會鬧著要看你的手機，走累了要你背，半夜要你來接啊。

女生就是私下能徒手拆包裹，在你面前卻轉不開瓶蓋啊。

你如果喜歡她，就是會享受這些小任性，而不是非要她成熟懂事、知書達理，逼著她不再依賴你。

愛一個人，怎麼捨得她太懂事呢？如果她那麼好了，也不會再是你的了吧。

愛的副作用，就是保護欲；就是會覺得她是個寶寶，一個不注意就會被人拐走；就是會想曬給全天下看，被人笑也沒關係。

你知道嗎？在愛情裡不敢要求、太懂事的女生都沒有安全感，她們很怕被厭惡和拋棄。她們之所以不敢要求，是因為沒有要求的本錢。

誰又喜歡獨立呢？還不是因為沒人可依賴？多疼一下那些在愛情裡不敢要求的女生吧。因為她們堅硬的外殼下面，也有顆柔軟的心。

誰謀殺了你的愛情

想問問在一起久了的兩個人：

你們有多久沒有一起看電影，在黑暗的電影院裡手牽著手，享受只屬於兩個人的時光？

你們又有多久沒有一起出去旅遊，在陌生的城市彼此依偎，趁大風來的時候，躲進他的胸口？

你們可能也很久沒有給彼此準備驚喜了吧，覺得花一整個下午的時間準備情人節，只為了看她一個感動的笑容，很不划算，也很麻煩。

所以淙淙才會對我說，她覺得戀愛越來越沒意思了。

「可能是到了平淡期吧。本來他每天再忙，至少也會打個電話給我，現在一天連一則訊息都沒有。下班回家也不跟我聊天看電影了，只顧著抱著手機打遊戲。情人節我提議兩個人去吃西餐、逛街，他聽了就皺著眉頭嫌麻煩，說都老夫老妻了，在家炒兩道菜就好。節日什麼驚喜都沒有……真不知道他還愛不愛我。」

我雖然也覺得很無聊，卻還是安慰她：怎麼可能不愛呢？不愛就不會還在一起了啊。淙淙聽完非常激動：「大家都是這麼說。可是不表現出來和積極維持的愛，還叫愛嗎？」

我竟然一時語塞，想起一個讀者也曾經問過我一樣的問題。

那是個才二十歲出頭的小女生。她跟我說，感覺自己沒那麼喜歡男朋友了，問我該不該分手，回到一個人的生活？

我問她，為什麼？

她說：「就是覺得沒什麼意思。他追了我半年多，剛在一起時非常甜蜜。他人很細心，對我照顧得無微不至，一起走路時都會讓我走內側，吃飯時會幫我擦嘴，節日甚至提前半個月準備禮物，非常用心。

「時間久了，他對我慢慢變得敷衍。一開始我覺得沒什麼，因為我真的很喜歡他啊。

可能他也是仗著這一點所以肆意妄為吧。

「後來我們每天一起吃飯，他總是邊吃飯邊玩手機，一言不發。吃完飯我就跟著他去網咖打遊戲到半夜，我們再也沒去看過一場電影。他說他不喜歡過節，所以除了剛在一起的第一年，我再也沒過過一個節日，沒收到過一份禮物。但是我每個節日都會為他準備驚喜。

「再說沒關係、不在意，其實心裡也是會失望的啊。我跟他旁敲側擊很多次。可他說自己就是那種務實的人，不會搞玩浪漫的噱頭，如果我喜歡會討女人喜歡的浪子，就儘管去找他們。」

我當時聽了，愣了半天說不出話來。

「今年過年，我看見社群網站上好多女生都在分享男朋友發給自己的紅包。我看著，突然就哭得上氣不接下氣了，瞬間感覺真的很委屈啊。我跟他不像戀人，反而像同學或者室友，一起吃飯，分擔房租，感覺愛越來越稀薄了。

「他總覺得一起吃飯睡覺，這就是正常情侶的生活。可現在已經不是父母那個年代了，不是吃飽飯就能幸福。

「我是還喜歡他，但是愛情是會流動、會轉移的，也是會死的。他憑什麼覺得無論怎麼對待我，我都會一如既往地愛他啊？」

在一起久了，很多人都會這樣吧，覺得感情已經穩定下來了，所以不需要再花心思。越來越少有討好對方的衝動，越來越不會向對方表達愛。

兩個人走了那麼久，乃至於忘記了當初在一起的悸動，再多讓彼此感動的細節，也最終會慢慢忘記。

曾經有人問過我，我和彥祖是怎麼度過七年之癢的。

其實很簡單。如果說每天早上起床後，替他擠好牙膏、倒好漱口水，出門前給他一個擁抱和一個蜻蜓點水式的吻，能讓他這一整天都覺得幸福的話，那麼他平時為我準備的小禮物，跟我手拉著手去吃一頓火鍋，就能讓我這一週甚至一整年都覺得幸福。

不一定需要花很多錢，但是你花了多少心思，就代表你對這份感情和這個人有多認真。

那麼假如感情平淡了，該怎麼經營好目前的感情呢？也許，我可以給出幾個不成熟的小建議：

·試著改變一成不變的自己

無論是換個髮型，換個穿衣風格，或者是學會新的妝容，都能讓對方有耳目一新的感覺。情人變親人，大多是因為太過熟悉了，就像右手對左手而言，沒有任何吸引力。重新拾起新鮮感，才是重要的事情。

·不停製造在一起的美好回憶

上一次感動和幸福離現在越久，你們的感情就越有危機。別以為停滯不前就是安全感。試試兩個人每週起碼花一天去做一件不一樣的事情，平時多給對方準備驚喜和禮物。擁有共同的美好回憶，才是抵禦感情流向平庸的最好手段。

・大膽地表達愛

華人總是羞於表達。在戀愛的初期，我們很容易就說出「我愛你」，從不吝嗇讚賞和誇獎對方。越到後面，就越懶得說愛，也不再表達。「都老夫老妻了」是最危險的說法，波瀾不驚的海水下面可能正湧動著暗流。

很多人都不懂，愛情這個東西是活的，不是死的，能培養，也會消亡。它像植物一樣需要精心照顧，會長大還是枯萎，全看你如何經營。

美好的記憶如果已經很久遠，因為彼此太熟悉和生活平淡就失去了感動對方的想法，那麼愛情自然就會慢慢消失。生活沒有了激情，愛情也會短命。

我還記得有個女生跟我說，原本總篤定地以為自己會愛前男友一輩子，後來因為兩個人越來越熟悉，在感情裡都變得懶惰又懈怠，最後被第三者趁虛而入。

人是很健忘的，特別是在遇到能讓自己燃燒起來的人以後。平時經常一起製造快樂的回憶，而不是對往事坐吃山空，才能保留住一段感情。

生活裡沒有浪漫作為催化劑，就會越來越枯燥難耐。

人們總說平平淡淡才是真，實際上，平淡才是扼殺愛情的最大元兇。

你知道愛情的標準是什麼嗎

說個故事吧。

餐桌上，女人湊在一起，輪流炫耀男人對自己有多好。

第一個女人，滿身名牌，看起來雍容華貴。她狀似無意地摸了摸自己的包，說這是她生日時老公從巴黎快遞過來的限量款，也不貴，就幾十萬吧，他總說女人要精緻，從配件開始。

第二個女人，濃妝豔抹，穿著貂皮大衣，脖子上掛著梵克雅寶的珠寶。她輕蔑地一笑，撩了下頭髮接著說：「哎呀，你老公對你可真大方。我們就不行啦，負擔太重。前幾天他剛買了間房子給我，一次付清，說看我最近不開心送我當禮物。叫他別買也不聽，接下來半年我都不敢購物了，哪還有錢呀！」

第三個女人呢，粗布麻衫，不施脂粉。她全

程默默聽著，閉緊了嘴巴一言不發。前兩個女人說完後，眼巴巴盯著她等她出醜。

她見狀馬上漲紅了臉，囁嚅了半天才憋出一句話：「我老公沒什麼錢，但是每天都下廚做飯給我吃，接送我上下班。剛剛他說到樓下了，怕我一個人回去不安全。我先走啦，你們玩得開心啊。」

而那兩個女人此時才面面相覷，因為她們的丈夫已經一個多月沒回家了。

為什麼我要說這個故事？因為有個女生問了我這個問題：「鈴鐺姐，你會不會偶爾嫉妒那種老公又帥又有錢還貼心，一天到晚帶她們旅遊，買包給她們的女生？我現在讀大二，同寢有個女生的男朋友真的很好。一開始我也沒什麼感覺，直到她經常在我面前炫耀，而且說我男朋友對我太小氣。聽得多了，我現在都想分手了。」

我聽完問：「那你男朋友對你不好嗎？」

她想了半天，有點不好意思地說：「也不是不好，蠻好的。比如平時從來不吵架，經常讓著我。我生理期他會幫我洗內褲，煮當歸雞蛋照顧我。」

她接著補了一句：「可是他還是個窮學生，確實捨不得為我花很多錢，不會送我很貴的禮物，也不會帶我去很厲害的場合。」

我想了很久說：「你知道嗎，很多兩性網紅會對你說，如果男人不花錢在你身上就是不愛你，不為了你傾家蕩產就是在玩你。」

可是感情哪有一個量化的標準呢？

雖然我偶爾也會因為彥祖的節儉而頗有微詞，但是我從來沒有想過離開他。因為不管怎麼說，我都能清晰地感受到愛。自從我跟他在一起以後，從來沒有羨慕過別人。他會在我犯錯的時候罵我蠢，也會迅速地幫我收拾好殘局；他不會像別人的老公那樣動輒送貴重禮物，但是他會在我身體不舒服的時候主動承擔所有家事。

他脾氣也不好啊，但是一起走過這麼多年，他已經學會了在我發火胡鬧的時候極力忍耐。如果兩個人脾氣都那麼差，怎麼還能一直走下去呢？

不要用一個太死板的標準去衡量你們之間的感情。

不買包給你的男人，不代表不愛你──同樣的，買包給你也不代表愛慘了你，可能只是因為他恰巧很闊綽。不秒回的男人，不代表不喜歡你──同樣的，秒回也不代表他喜歡你，可能只是因為他很閒。不陪你徹夜聊天的男人，也不一定就是不重視你──跟你聊一晚上，也許是因為他剛好喝多了咖啡，也找不到聊天的對象。

愛不愛，你的心知道。

他也許沒有很多錢供你揮霍，因為他要為彼此的未來做更多打算。他也許不會逢年過節都買禮物給你，但是在你遇到經濟困難的時候，會取出所有積蓄去幫你填窟窿。他也許忙於工作沒空整天陪你閒聊，因為他抱著磚，就不能抱起你。他也許不會秒懂你的心思，但是在你明確提出需求的時候，他都會盡全力滿足。他也許平時板著臉凶巴巴的，可是在你情緒低落的時候，也會做出很溫暖的事情。

你知道愛情的真正標準在哪裡嗎？當你心裡能感覺到愛，那就一定存在。

不要否定一個人的所有努力，即使他沒有做到一百分，也不代表他就不愛你。因為哪怕是你自己，也不一定能做到完美。

一個一百分的戀人，也不一定能給你一百分的濃度；反而兩個七十分的情侶，卻可能湊出一百分的愛情。

爲什麼我們越來越難再愛上一個人

前幾天跟朋友聊天敘舊。

聊到我們上大學時，她笑著說，也不知道當時膽子怎麼那麼大，會找長得帥的男生搭訕要號碼。那時也容易被感動，追求者在寢室樓下擺心形蠟燭，每天買好吃的，就會產生好感。

那個年紀，似乎總有一腔熱血無處發洩。很容易喜歡上一個人，也很容易淪陷。敢愛敢恨四個字，似乎說的就是那些年。

現在可能真是老了吧，朋友玩著手指嘆口氣：

「跟初戀分手已經五六年啦。明明單身了這麼久，心裡也想談戀愛，但是別人對我示好，我第一反應就是躲。遇到喜歡的人，也沒那麼勇敢和主動，寧願錯過。

「而且長大的我，好像更難伺候了，時時刻

刻都在挑剔，不再會忍耐。

「他太矮，他太黑。他跟我性格不合，他吃飯聲音很大……我總替自己找拒絕別人的理由。鈴鐺啊，我是不是生病啦？好像心如止水，也對戀愛充滿了抗拒。我好像真的不知道怎麼喜歡別人啦。」

我說不是的，怎麼會呢，腦子裡卻不自覺想起木木的故事。

木木曾經談過一段刻骨銘心的感情。

跟偶像劇的常見劇情一樣。因為門不當戶不對，她和前男友的戀情被他父母百般阻撓。

你知道人都有叛逆心理，越是不被支持，愛得越深。他們不僅不分手，聯繫反而更緊密了。兩人曾經熬到半夜不睡覺，就為了爬出窗戶見一面；也想偷偷去登記結婚，把生米煮成熟飯，因為膽小又不了了之。

木木的生命裡，幾乎所有開心的日子都是他給的。所有愛情裡的第一次，幾乎也都給了他，第一次喜歡一個人，第一次為一個人全心付出。為了澆灌這份感情，她很努力，也一直憧憬著兩人的未來。

他們其實也會吵架。吵完後想到這段感情有多不容易，就會抱在一起痛哭。男友經常摸著木木的頭說：「如果將來新娘不是你，我活著也沒意思。」

木木總會酸著鼻子想，這輩子一定要和他過到終老。

卻沒想到，後來新娘真的不是她，前男友也沒有像自己說的那樣去死。

分手這兩個字，男朋友提得很突然。他終於抵擋不住爸媽的軟硬兼施。為了逼他離開木木，家裡斷絕了他的經濟來源。他家境優越，素來養尊處優，哪受得了靠自己奮鬥清苦度日？輕飄飄的幾句不離不棄，在生活的困頓之下也灰飛煙滅。

在毫無準備下聽到分手的消息，木木心口像受了一記重擊。

男朋友整理行李的時候，木木在旁邊說著兩個人過往的回憶，希望他回心轉意，就差跪下來了。她哭著問：「你不是說再難也會堅持下去嗎？你不是說沒我不行嗎？」

男朋友不敢看她，回答說：「當時說會堅持是真的，現在撐不下去了也是真的。對不起，希望你找到一個比我更好的人。」

你看，承諾的時候有多輕易，放棄的時候就有多簡單。

分手後，木木元氣大傷。很長一段時間她每天都躲在家裡哭，足足花了好幾年才走出來。

剛分手的時候木木說，他祝福我遇到一個比他更好的人，我也希望啊。可是經過這一次，我真的不想再戀愛了，甚至想過，要不要孤獨終老呢？鈴鐺，我覺得我不會再喜歡別人了。

這個世界上永遠不缺不想戀愛的人。一腔熱血被澆熄，後來就很難再燃起來。

很多人總想知道，為什麼我們越來越難再愛上一個人。

明明還是該愛的年紀，卻沒有了想愛的心情。

也許，是因為我們都厭倦了吧。

許多人年少的時候，總太容易陷入一段關係。那時候心思單純，只覺得你對我好，我便要加倍對你好。會把一顆心揉碎了談戀愛，把對方規劃進自己將來的生活中，篤定兩個人會有美好的結局。

沒想到傾盡了心血，也只是得到一個夭折的結果。

於是後來我們中的一些人，變得小心翼翼。還有一些人，變得被動麻木。

感情這門科目太難，有些人乾脆放棄了去學，怕深情被辜負，也怕假意負了人。就像我曾在網路上看過的一段話那樣：「當你認真談一段感情，最後卻分手了，後來你會很難再喜歡別人。」

因為你不想花時間，也不想去瞭解。好比你寫一篇文章，快寫完的時候老師說你字跡潦草，把作業撕了要你重新寫一遍，雖然你記得開頭和內容，但你也懶得寫了。因為一篇文章花光了你的所有精力，只差一個結尾你卻要從頭來過。

沒有好好告別就分開的戀人，就好像只差一個結尾卻又被迫要重新寫下的作業。分手以後，再鼓起勇氣重新認識和瞭解一個人，太難。花了心思澆灌的花，死掉都會心疼，以後也可能不敢再養花。

所以經過感情傷害後，很多人為什麼會選擇相親？因為找一個現成契合的人容易，等對方成長和改變卻很難，我們已經沒有那麼多時間、精力和耐心了，也不敢再去嘗試一次。

人是會自我保護的。

小心呵護卻沒好的結果，後來我們就會越來越計較付出，也越來越難忍受別人的缺點。我們寧願一個人待著，也不願意和另一個人糾纏。

很蠢，也很可悲。

還是想戀愛的吧？

面對別人的示好，也不是不感動。只是寂寞的時間太久了，嘴角上揚都顯得很笨拙。當然會出現讓自己怦然心動的人，偶爾也會心一橫想接受追求者算了。一旦想到又要從頭慢慢來，心裡卻忍不住就退縮了。

我知道的。你還會忌憚，都是因為太痛了。不過是時間不夠久，新歡不夠好，害怕那種痛，所以乾脆把自己變得麻木。

可是考試結束了，總要交卷。一個人寂寞的時間越久，就越不需要另一個人進入自己的生活。若你總是在一開始把對方推開，那你怎麼知道這次寫下的不是完美的結果呢？

我們確實越來越難再愛上一個人了，是因為我們變得更謹慎，也更善良了。怕自己受傷，也怕傷害對方。怕認真寫下的每一個字，每一次掏心掏肺的付出，在分開的那一刻都化為灰燼。

可是哪裡有從不會分手的戀愛呢？被一個人辜負了，你可以選擇不再相信那個人，但不能不再相信愛情。這不公平。

塔索說過：「任何時候為愛情付出的一切都不會白白浪費。」

因為我們總是在不斷地成長，在挫折中變成更好的人。某一天陽光正好、微風不噪，你總會再遇到另一個他。你以為這次是重寫的考卷，可能實際上迎來的，卻是更好的人生。

他只愛你高跟性感，卻從不關心你磨不磨腳

你試過穿高跟鞋暴走一個小時以上嗎？

還是那種尖頭、細跟的高跟鞋。這種款式，平日只適合女生開車出門喝咖啡時，下車的那一下子穿出來表現性感。

向南試過。那天和男友的朋友聚會回來，兩隻腳後跟被磨得慘不忍睹，只好穿了一個星期拖鞋上班。

向南身高不到一百五，男朋友卻有一百八。剛談戀愛的時候，男生總旁敲側擊說她穿高跟鞋肯定好看，她也不以為意，依舊穿著運動鞋東跑西跳。上次男友第一次說要帶她見自己朋友，居然又求她穿高跟鞋。

向南不願意。

她知道男友是虛榮，覺得自己矮，朋友看見沒面子。但習慣平底鞋的自己突然穿高跟鞋出

門，這明顯是自殘的節奏啊。

可男友軟硬兼施的糾纏了一個多小時，「姑奶奶」、「大小姐」胡亂叫著。她啼笑皆非，只好答應。

高跟鞋確實好看。穿上後向南的腿顯得修長性感，特別有女人味，看起來身材比例很好。男友的朋友都擠眉弄眼：女朋友不錯，你這小子豔福不淺啊！

男友春風滿面。

但向南怎麼也沒想到，這天的飯前活動是逛街，幾個男生嚷嚷著要買衣服，她跟在後面，表情變得齜牙咧嘴。向南低估了高跟鞋的威力。她感覺自己就快被截肢了。

站久了，腳趾朝下被擠在一起，女人味的尖頭居然變成酷刑。走遠了，新鞋材質硬的缺點就顯現了，腳後跟被磨得血肉模糊。到後來，每一步都像走在刀刃上。

向南忍著痛，盡量走得婀娜。誰承想走不到五百公尺又破功。於是她找到一張大長椅，坐下去就起不來了。男友和朋友早已嘻嘻哈哈走出老遠，絲毫沒有察覺她沒跟上。

向南看看他走得越來越遠的背影，又看看自己破皮紅腫的腳後跟，心裡開始飄雪。

沒有女人不愛高跟鞋吧？

能彌補身高劣勢，還顯得腿特別修長，穿上高跟鞋，整個人立刻變得身型挺拔、氣質出眾。就連鞋跟撞擊地面時發出的聲響，聽起來都格外性感。

確實美。但是，穿久了真的好痛。

這讓我想起自己曾經因為有些駝背，有個女生一直勸我穿高跟鞋。她循循善誘：「剛穿的時候確實很難受，後來就好了。你看我，穿了好幾年，現在換平底鞋反倒不習慣了，常跌倒。」

她男友是資深腿控，經常花錢買高跟鞋送她。他常說：「寶貝，你穿高跟鞋超美。多穿，我最愛看了。」於是每次出門，女孩都蹬著高跟鞋穿著小短裙。有次因為鞋跟太高走路扭傷，快半個月才好。

可他們最後還是分手了，因為男生找到了腿更長更美的女生。

我依舊穿著平底鞋，不是不想穿高跟鞋，而是因為某人曾經對我說：「以後別穿高跟鞋了，好看是好看，看著就覺得不舒服。」

既然有人願意保我周全，我為什麼要委屈自己去承受這種痛苦的美？

有個男生說起自己剛分手的女朋友，口沫橫飛：「剛認識覺得她相貌有七分，卸了妝才知道還沒三分。這是赤裸裸的詐騙！還好我安慰自己女人關了燈都一樣，不然真下不了口。」

滿座哄堂大笑，我只替他的前女友悲哀。因為信任，她把自己最真實潦草的一面暴露給他看，被嫌棄不說，此刻還被當作茶餘笑料。

所以當你問我，如何區別喜歡和愛？個人覺得：喜歡是欣賞你的優點，卻只能接受你完美無缺。當你暴露缺點，他就灰心失望，隨時準備撤離。愛卻是包容你的缺點，看穿你的軟弱。他心疼你表面繁盛，實則內心惶然。

所以喜歡你的人呀，最愛看你穿高跟鞋。因為這樣的你膚白貌美，腿長性感，給他撐足了面子。但愛你的人，能注意到你腳後跟的水泡。比起你美不美，他更關心你痛不痛。

高跟鞋讓你征服世界，平底鞋讓你走遍世界。他卻讓你明白，有他陪伴，你再也不需要四處征戰。

不適合你的戀人，也像是好看不好穿的高跟鞋。這個高度讓人充滿欲望，但你削足適履，忍痛將就，最後卻也走不出幾步。

命定的那個人，就像是好穿卻不一定好看的平底鞋。一切以你舒適為準，樸素而細水長流。踩著它，就像踏在雲端。

有些人啊，寧願用你十分鐘的痛苦，換他一秒的虛榮；有些人卻就算臉面盡失，也要保你周全。

年輕時我們總貪戀光鮮亮麗，就算頭破血流也在所不惜；年長後卻只想平淡雋永，只想平心靜氣地度過餘生。那些像平底鞋一樣的戀人，也能給你平底鞋一般的安穩。他陪你翻山越嶺，路過春秋冬夏和人間繁華。

世界上最愛我的人，已經娶了別人

小學畢業那天下午，我爸去接我回家。

我在學校門口，扭扭捏捏地遞給他人生中唯一一張獎狀「好學生獎」。

各位可能不懂，這個獎項大概是專門用來應付那些「平平無奇」的學生的——意思就是你這個小女生，六年來沒惹過麻煩，沒罵過老師，沒打過同學，我給你個安慰獎趕緊滾吧。

我猜他一定會取笑我。畢竟這年頭，全世界都是好學生。

可是他的反應讓我驚訝——他拿起獎狀很認真地看了兩秒，突然驚喜地咧開嘴笑了：「哇，獎狀啊。我女兒真厲害！」還揉了揉我的頭。

我突然鼻子一酸，不知道該說什麼好。

回家的路上，他把獎狀緊緊攥在手裡，笑容一直掛在臉上。

後來那張獎狀，一直貼在我家客廳最顯眼的地方……直到很多年後搬家了，才不知所終。我想，那張獎狀，也恰好代表了他對我一直以來的期望吧。

他從來沒有要求過我要「爭氣」。他為我的每一次微小進步而驕傲，無論如何，他只希望我能幸福快樂。即使，我是人群中最平凡的那一個。

沒錯，在我心裡，我爸一直是個無所不能的大英雄。

他什麼都會，修洗衣機、換燈泡。什麼都懂，國英數、天文地理。他夏天替我趕蚊子，冬天幫我暖腳心，一天到晚護著我，像老母雞護小雞。

他對每個人都能做到換位思考，總是細心地體察對方的任何微小情緒。他很少訓斥我，更不會打擊嘲弄我。他小心翼翼地一直保護著我那顆玻璃心。

所以從很小的時候，我就很愛他。

可是人啊，就是這種奇怪的生物，當你慢慢習慣了他對你的好，就會忘記感恩。

到高三的時候，我和他的關係開始有些疏遠。因為他總對我說：「多讀點書，多做點題，現在多讀一個小時書，就能替大學考試多加幾分。」

我覺得他怎麼這麼煩啊。我開始討厭他對我前途的擔憂，厭煩他對我苦口婆心的勸告，開始對他的勸告嗤之以鼻，甚至對他反感：為什麼總這麼囉唆？即使我考不上大學又怎樣？又不一定會沒出息！

你看，年少時的叛逆總是想得簡單。連人生中唯一一場公平的角逐都不放在心上，憑什麼覺得自己會出人頭地？

很多次上課看小說、玩手機，我被班導師叫到辦公室挨罵：「你爸還是老師呢，你看看你！」身為我們班數學老師的他，就在一邊尷尬地賠笑。

當時我只是吊兒郎當地站著，不時翻白眼，對班導師的訓斥左耳進右耳出，從沒想過作為父親，又是一個教師，看見自己的女兒被責備是多丟人的事。

別人對他說「你女兒怎麼成績一點都沒遺傳到你」的時候；班導師當著他的面訓我「你就是一顆老鼠屎壞了一鍋湯」的時候；某個老師在走廊上對我說「你要是能考上大學我把頭砍給你」的時候。我不知道他是怎麼忍住不遷怒我，也不知道他藏在笑容下面的尷尬有多難堪。

可是他一直覺得我是最好的，即使沒有別人那麼爭氣，也從沒有拿我和別人家孩子比較。但他應該很傷心吧，因為我一直那麼不在乎。從來只顧自己的感受，沒有想過他。

居然過了這麼久，我才明白他有多愛我。

二〇〇八年雪災正嚴重時，我正在上大學。寒假搭車回家路上，我手機沒電關機了。

我倒頭呼呼大睡，原本七個小時的車程，開了整整十四個小時。到站後，我疲憊不堪地下車，卻驀地看到一個熟悉的影子——是他。他搓著手，在燈光昏暗的雜貨店門口來回走，不停往這邊張望。

他孤單的影子，在燈光下被拉得很長。

原來因為聯繫不上我，他擔心我出事，於是他一個人，冒著寒風和冰雹來接我，從晚上一直等到凌晨。

每次想到這裡我都會忍不住想哭。他那麼怕冷怕寂寞，一個人是怎麼等這麼久的啊？他怎麼這麼蠢？每個小時都會有好幾班車到站啊——我想像他就那樣不停張望著，在洶湧的人潮裡找我。一次次燃起希望又破滅，心就一直吊著，害怕我出了什麼事。

我突然想起，大學裡每次我返校，他總會沉默著幫我打包好行李，然後在車下面找個角落，一直仰頭盯著我。我想是捨不得吧，可很久我才注意到這件事。

我突然想起，剛開始和彥祖戀愛後告訴父母，我媽說他那天晚上輾轉反側一夜沒睡。因為擔心我被騙，擔心對方人品不好，擔心我會受委屈。

我還記得，結婚的時候他鄭重地把彥祖拉到一邊：「我們不求你賺多少錢，只要你對她好就好。」就好像他以前對我說過的一樣：我不盼著你有多出人頭地，只希望你能幸福一輩子。

小時候，我一直覺得我爸超厲害。我就像個腦殘粉一樣崇拜他，他在我心裡無所不能。不僅長得帥，做飯還好吃。唱歌厲害，人也很溫柔。放在現在，就是韓劇裡標準的暖男。

他用本校教師的身分「開後門」，每天早上帶我出學校吃早餐；每天下課後，回家還得頂著疲憊，輔導我那慘不忍睹的數學；即使工作再辛苦，他下班都會為我做飯，做好以後卻累得毫無胃口。

他給了我所有他能給到的陪伴。

到現在，我都記得他粗糙手掌的溫度，記得自行車後座環抱著他的腰的溫度，記得他給我做的每一頓飯的溫度，記得我和他一起度過的春夏秋冬的溫度。

可是長大以後，他好像沒有那麼厲害了呢。原來他的背也會弓下，他的頭髮也會白。他也沒那麼無所不能，我們隔了三百多公里，連經常陪伴也做不到。甚至現在，他會指著臉告訴我：「女兒，我長老年斑了。」

對不起啊，爸爸。我見過那麼厲害的你難過，大都是因為我。很抱歉，我從來也不是個爭氣的孩子。

我知道，在爸爸的世界裡，不會總主動關心，因為他不善表達，不會像母親一樣總試圖和我親近，卻總是默默地支持著我。他也從不表露脆弱，因為他是男人，是父親。

可是即使他一言不發，我也一直知道他有多愛我。

如果下班順手買個宵夜就叫愛我，那外送員也很愛我啊

想像一下。

如果你走在大街上，有個男生跑來對你說：「小姐，你好。我什麼都沒有，但我有一顆愛你的心。你願意嫁給我嗎？」

你會不會立刻躲開，而且覺得他是個神經病？可能還會順便報警。

但是換個情形。

如果你和男朋友在一起很多年，朝夕相處，他平時對你也很好，到了快結婚的時候說：「我很愛你，但這些年我沒賺多少錢。爸媽養我這麼多年也很辛苦，結婚這件事我不想靠家裡。你願意嫁給我嗎？」

你是不是會覺得，他蠻孝順的，似乎還可以考慮？

木子就是第二種情形。

木子二十七歲了，男朋友三十歲，兩人在一起五年。在木子看來，男朋友對她很好，只是一直不太上進，工作挑挑揀揀也不努力，但是木子覺得愛他就是要包容他的一切。

今年木子覺得年紀大了，暗示要結婚，男朋友同意了，但說沒錢，所以要裸婚。沒有戒指，沒有婚禮，婚後還要和他爸媽一起住。

「我這麼愛你，你一定會接受的吧？我相信，你沒有這麼勢利。」

木子很難過，問我該怎麼辦，要不要妥協？

我的第一反應是：三十歲的男人了，沒存款？搞笑吧？

他說他愛你，他做了什麼？難道這麼多年的戀愛長跑，他從沒想過和你結婚的那一天？如果想過，有心要努力，怎麼會今天淪落到要逼你裸婚的地步。如果真的愛你，不可能不尊重你的感受，不考慮你的處境。

婚禮等流程的存在，不僅僅是儀式感，更是一個男生有多想娶你的誠意。現在都不願意為你付出，難道婚後就會突然想通嗎？

我曾經寫過一篇文章〈沒房沒車能結婚嗎？〉，裡面有個讀者這樣說：

我今年二十四歲，女，單親無父，家境普通。自己大學四年打工沒有斷過一天，在學校自己找工作，寒暑假回來有超市定期的促銷工作，外加現在工作了九個月。這五年的時間所有的薪水存起來，有快一百萬（一個月也就兩萬元的薪水）。現在媽媽再給我十幾萬元準備付一間房子的頭期款，不為別的，為的就是有能力對自己、對母親、對將來的家庭和孩子負責。我不打哪個男生的臉，我就請問沒房沒車的男生，你自己有沒有努力過，自己心裡不是最清楚嗎？

是啊，你有沒有努力，自己心裡不最清楚嗎？

我現在越來越發現，有些男生的「愛」非常廉價。

今天給你送幾朵玫瑰說愛你，明天請你吃兩頓飯說愛你，後天給你寫封情書說愛你，大後天陪你看個電影說愛慘了你。每天把愛掛在嘴邊，可是他做了什麼？這些年來他給的陪伴，普通朋友也能給；和你一起吃飯睡覺約會，即使主角不是你，換個女生他也能做到。

那些他津津樂道的付出，不過是廉價的自我感動而已。

很多人都這樣。他們認為的愛，吹得天花亂墜，其實從來沒有行動，就是甜言蜜語。畢竟用嘴來愛，不費心又不費力啊。

以前看過一段話，是這麼說的：「你總說愛她，願意為她付出一切，可是這些年，真正有什麼事情是為她堅持的？就連持續健身這麼簡單的事都做不來，有什麼資格說你在改變？」

我一直覺得，女孩子是特別感性又心軟的生物。她沒有你想的那麼難伺候，也沒有你想的那麼虛榮。如果真的能感受到愛，她們是不會對你送了什麼牌子的包斤斤計較的。她們介意的，不是以後要跟你一起拚搏，而是你根本不想為她努力，還覺得她太虛榮勢利。她們也不在乎你暫時沒什麼錢，在乎的是你從未真正為她付出過，還覺得她要求太多。

因為這樣的評價，只不過在告訴她：你覺得她配不上你的付出而已。

如果下晚班順手買個宵夜就叫愛你，那麼外送員也很愛你；如果發燒的時候給你倒杯水就叫愛你，那麼飲水機也很愛你；如果心情好的時候給你花點錢就叫愛你，那麼ATM也很愛你。

這些事情都是沒有難度的。只有會讓他覺得辛苦的，但是為了你開心幸福，他願意去做的，才珍貴。

比如賺錢去成全你的小虛榮；比如即使自己不開心也會去哄你；比如為得到你父母的信賴而奮鬥；比如為兩個人將來能好好在一起而努力。這些有難度的事情，才叫愛。

人心都是肉長的。

如果你不是僅僅說多喝熱水，而是替她披上外套；如果你是不僅僅說愛她要奮鬥，而是用行動表達去賺錢結婚；如果你不是每天空洞地承諾未來，而是努力地做好現在。

我不相信，有哪個女孩還會對你們的感情沒有信心。

你說愛她，可是一句「我愛你」能買東西吃？能用來發電？能禦寒還是能蔽體？能讓你們有棲身之所？能讓你們的孩子有錢上幼稚園？

為什麼你會讓心愛的女孩失望？為什麼她會在最後關頭選擇放棄？真的是因為虛榮嗎？真的是因為嫌棄你嗎？不是的，是因為你所認為的努力，只不過是感動了自己。

我想，世界上最浪漫的情話，可能不是我愛你。而是我願意為你，一直努力，一直付出，一直做我即使不喜歡做，卻能讓我們的未來更好的事情。

別說什麼我父母也很辛苦，我這麼愛你。你自己有沒有努力，為愛情付出多少，你自己心裡不清楚嗎？

我們離婚吧

小玉打電話給我時，已經凌晨三點了。

她說自己要帶著孩子跳樓。

我說：「你別激動，發生什麼事了？」

小玉哭著說：「我老公要和我離婚。生完孩子以後，我情緒起伏很大，有時候會無法控制地哭和發火。我老公一開始會和我吵，後來就根本不待在家裡了，經常很晚回來還渾身酒氣。今天他甚至到現在還沒回家……我打了一個晚上電話他都不接，傳簡訊也不回。結果剛剛傳訊息給我，說要離婚，明天早上就去辦手續。我問他為什麼，他說個性不合。

「呵呵。性格不合？戀愛七年你怎麼不早說？結婚的時候你怎麼不說？我十月懷胎生下愛情的結晶，我每天在家做家事帶孩子，我產後掉髮幾乎變禿。我跟你有那麼多回憶和過往。我們在一起七八年啊。

「鈴鐺，你覺得我要怎麼做？離婚以後我還能活嗎，還能遇到幸福嗎？」

對大部分婚姻裡的人來說，這都是殺傷力最大的一句話。如果已經有了孩子，傷害更是加倍的。

「我們離婚吧。」

為什麼我們會離婚？或者換個說法：這個時代的年輕人，為什麼婚姻受挫後，會那麼輕易地想到離婚？在我看來，只要不是原則問題，比如出軌、劈腿、不愛了，任何藉口都構不成必須離婚的理由。

但是現實是什麼樣的呢？

婆媳關係處不好，矛盾升級了，離。

夫妻關係鬧僵了，冷戰一個月，離。

在帶孩子時理念上起了衝突，吵得不可收拾，離。

甚至妻子結婚後變邋遢了，脾氣不好了，丈夫有啤酒肚了，沒情趣了……

怎麼辦呢？離婚。

好像你生活中的所有失敗和難題，換個伴侶就都能迎刃而解。好像離婚以後，就會有一個八塊腹肌的彭于晏，或者胸大腿長的林志玲等著你。

真的。現在去戶政事務所辦離婚，跟扮家家酒一樣簡單。

更可怕的是，你在網路上發個文說不想繼續下去了，所有人都在鼓勵你分，尤其你如果是女人。要是有人勸先不要離的，就會被攻擊：現在的女人，離了婚也能過得更好！離婚是勇敢的抉擇！是敢於糾錯！我們應該為她們鼓掌歡呼！新獨立女性萬歲！

這些勸你離婚的人，不可能會為你以後的生活負責。

我不否認，在一段已經苟延殘喘的婚姻裡，離婚當然是種解脫。我曾經也鼓勵無法繼續婚姻的人，果斷及時止損。可是也許做決定之前，你可以再多想想：事情真的到了無法挽回的地步嗎？你真的厭惡對方實在不能一起生活了嗎？你們真的有為這段關係努力過嗎？離婚後的生活真的不會比現在更糟嗎？

下一個人，真的會是更適合你的「真愛」嗎？

到底是斬釘截鐵地覺得，和眼前這個人過不下去了，還是生活千篇一律的瑣碎和平

淡，讓你誤以為生活中一切的不愉快都是對方的責任呢？

恕我直言。現在很多年輕夫妻，即使結了婚有了孩子，思想上也是沒有斷奶的巨嬰：遇到事不會先檢討自己，而是推卸責任；學不會換位思考，比誰都自私；感情出問題了，不是想著溝通解決，而是一味地逃避；過於貪婪，覺得對方永遠比不上別人；覺得全世界都應該圍繞自己的意志轉，身邊的人應該永遠遷就自己。

但凡有違背，就覺得不愛了，不合適了，想離婚了。

結婚典禮上許下的一輩子的承諾和誓言，在一地雞毛的生活面前，狗屁都不是。

想離婚的時候，一定忘了當時戀愛有多甜蜜，剛結婚時有多幸福吧。抱怨伴侶不像以前那麼迷人的時候，一定忘了他平時有多忙碌，需要承擔多少家庭責任吧。

你說婚後才發現兩個人不合適，可你的另一半當初也是你選的，沒有人拿刀架在你脖子上逼你結婚吧。如果說發現枕邊人跟以前想的不太一樣，也只能說是你自己判斷失誤，或者說是你在世俗的壓力下，草率地選擇了一個不熟悉的人。

更大的可能，是被蒙蔽了雙眼，覺得已經到手的東西不需要再追逐，也就失去了價值；覺得婚姻沒了新鮮感，就要棄之去尋找刺激；覺得司空見慣的幸福不是幸福，未知的才是。

就像張愛玲說的：「娶了紅玫瑰，久而久之，紅玫瑰就變成了牆上的一抹蚊子血，白玫瑰還是『床前明月光』；娶了白玫瑰，白玫瑰就是衣服上的一粒飯渣子，紅的還是心口上的一顆朱砂痣。」

這樣的你，不應該選擇離婚，應該送去電一電。

這些動不動就嚷嚷著要離婚的人，到底知不知道婚姻是什麼啊？

婚姻是兩個相愛的人，一拍即合成為合夥人。你們共同經營生活、陪伴彼此，你們是一輩子的戰友、愛侶和朋友。你們遇到困難一起面對，遇到矛盾一起解決，而不是抱頭鼠竄或者直接鬧掰。

這不是一樁輕易就能結束的生意，因為你們彼此投入不少，撤出也會損失慘重，所以也輕易不要開始，至少要有足夠的考察時間，才能決定是否要合作和投資。但是大多數人迫於家庭和社會的壓力，覺得孤單寂寞，或者過了生育年齡，就急躁地在街上隨便拉一個人，說我們一起幹吧。

公司不倒閉我跟你姓。

如果你已經經歷了漫長的考察期，篤信足夠瞭解彼此，那麼在未來想要分道揚鑣的時候，為什麼不看在往日情分上，再給對方一個改正的機會？一起努力解決，難道就比直接離婚更難嗎？

伏爾泰說，使人感到疲憊的不是遠方的高山，而是鞋裡的一粒沙子。

婚姻也是如此——可是那粒沙子並不是拿不出來啊。彎腰、低頭，這個動作，沒有你想的那麼難。凡事都想著放棄，不是勇敢，而是懦弱，因為你沒有解決問題的能力和勇氣。覺得離婚就能解決任何問題，從不檢討自己的問題，這也不是聰明，是年輕人高傲自大的幼稚病。

錢鍾書說過，不管你和誰結婚，婚後就會覺得對方和當初認識的不是同一個人了。

離婚不是一了百了的選擇。如果你沒有從失敗的婚姻裡總結到任何經驗，那麼下一段婚姻，你也不太可能獲得幸福。

你老公這麼優秀，你真走運

前幾天登入荒廢很久的部落格，想找張老照片，結果在首頁看到大學朋友浩浩發了張全家福。

照片裡，浩浩抱著又白又胖的寶寶坐著。旁邊她的丈夫小東是她大學男友，依舊濃濃書卷氣，手隨意地搭在她肩上。兩個人都瞇起眼睛在笑，那幸福的弧度簡直一模一樣。

當時我嚇了一跳，揉了好幾次眼睛，才確定自己沒看錯。我趕緊叫彥祖過來，一起翻遍了浩浩的相簿，一口氣看完他們的婚紗照、孕照、全家福後，唏噓半天。

記得大學時，所有人都不看好這對情侶。甚至我心裡，也隱隱覺得他們不太可能修成正果。

浩浩當時是倒追小東的。當時小東又高又帥，玩樂團的他迷妹眾多，還是資優生，成績頂尖，家境優渥，可以說非常出眾。

而浩浩就很低調平凡，長得也不怎麼好看，屬於扔在人群中瞬間不見的類型。

當時所有人都覺得浩浩走運，能找到這麼優秀的男朋友。甚至有一個暗戀小東的女生，在得知他們交往後滿懷惡意地說：「女追男確實隔層紗啊，換成我就沒這種勇氣。不過她長得不怎樣又胖，也不知道為什麼能和小東一起，小東肯定是瞎了。你看吧，不出一個月，他們肯定分手。」

沒想到一個月很快就過了，接著是兩個月、半年、一年……兩個人不僅沒分開，還在部落格上曬起了恩愛。小東生病，浩浩每天變著花樣曬愛心大餐，花式曬恩愛讓小東的迷妹紛紛怒而取消關注。

畢業之後，我再也沒上過那個部落格，也慢慢失去了他們的消息。

那天我翻著相簿裡小東和浩子的甜蜜日常，看著結婚典禮上他單膝下跪、浩浩滿眼都是淚水的模樣，突然感慨萬千。

其實我知道，當時他們還沒在一起時，浩浩聽說小東腸胃不好，為了照顧他，在校外租房子為他下了一個多月的廚。小東為了準備演唱會連續熬夜的時候，浩浩也接連幾天無怨無悔地陪在他身邊。

所有人只看到小東的優秀，卻看不到浩浩的付出。

現實給了那些膚淺的人重重一個耳光：你覺得我配不上是嗎？我就給你看看我們最後有多幸福。

就像浩浩一樣，無論是戀愛時還是結婚後，我最討厭的一句話也是：「你運氣真好，能找到這麼優秀的對象。」因為這句話的潛臺詞也許是：你不如他，你配不上他。

剛畢業的那幾年，彥祖收入比我高很多。再加上他舉止大方，人又有禮貌，他的朋友和我的所有親戚，都經常會說我走運。因為我從小成績差，還不怎麼用功，念的學校也不厲害，工作薪資也不高，能跟他在一起簡直要謝天謝地。

剛開始我蠻開心的，因為這代表我選男朋友的眼光好嘛。但後來，說的人越來越多，說的次數也越來越頻繁，我就不由得多想了。在我表妹第二十次誇姐夫優秀說我幸運的時候，我又鬱悶又傷心，開始懷疑人生：他優秀，我也不差啊。跟他在一起，我真的占了多大便宜嗎？

後來聽多了，我實在氣不過，搜腸刮肚想自己有什麼優點。哦，喜歡寫文章啊。那就來經營社群專頁吧。

做到現在，慢慢地會有朋友告訴我：「你真厲害，我在○○看到了你的文章耶。」再後來，還會有很多讀者跑來跟我說：「彥祖真走運，娶了一個會寫文章的老婆。」

聽多了我也沒有覺得多高興，反而更生氣了。因為在我看來，他們**在誇一個人走運的時候，其實都在否定另一個人的努力。**

在家庭這個單位裡，每個人都有自己應盡的義務。我能安心寫字，完全是因為彥祖包容，替我多承擔了許多原本屬於我的義務。他不是薪資單上冷冰冰的一個數字對應的名字，也不是公司公布欄裡獎勵名單上的一個名字。

他很厲害，什麼都會，什麼都懂，是我依賴和崇拜的丈夫。之所以他的優秀你們視而不見，是因為你們從來不關心一個人除了錢、名和體面之外的優點。

很多人都是這樣。在這個金錢、顏值、權力至上的世界裡，太多人只會以收入多少、外貌好壞和社會地位高低來判定一個人是否優秀。可是薪水不高，也許知情識趣啊；長得普通，也許聰明幽默啊；工作沒那麼體面，也許忠誠善良啊。為什麼總盯著那些表面的東西看個不停呢？

曾經的我也會膚淺地認為，兩個人之中，長得相對不好看、收入相對低、看上去沒那麼耀眼的都是占了另一方的便宜，是祖上積德，是走了狗屎運。

可是，兩個人能相識相遇相知，還能一起走下去，自然各有各的優點，也一定在骨子裡是勢均力敵的。能長久在一起的伴侶，靠的是互補和遷就。你喜歡在外闖蕩，我就在家裡熬湯；你要站在聚光燈下，我就在台下鼓掌。

沒有一個人的包容承擔和不離不棄，就沒有另一個人的成功。默默犧牲的人，遠比你們想像的偉大；既得利益者，也沒你們想像的優秀。

所以「你很走運」這句話，真的是誇獎嗎？

就拿家庭主婦來說吧。在許多人眼中，這也是一份缺少價值感的「工作」——待遇固定，沒有升遷空間，沒有福利和保險，工作再辛苦也很難得到「老闆」肯定。

在外打拚的丈夫，總能比在家裡洗手做羹湯的妻子得到更多讚譽。收入更多、社會地位更高的一方，看起來也總比另一方優秀太多。甚至有些丈夫，也會打心底這麼認為。可是，當你在生意場周旋的時候，你的妻子在家中揮汗如雨做家務；當你談成一個又一個生意的時候，你的妻子在替孩子換尿布；當你深夜和客戶推杯換盞的時候，你的妻子正心急如焚地背著生病的孩子，往醫院狂奔。

重複枯燥、似乎毫無意義又得不到認同感的工作，就是當成功男人背後的主婦。

你覺得你的成功，跟你的妻子毫無關係。可是，沒有她在背後默默付出，做好後盾，又怎麼會有如今的你呢？

人們總說：你之所以覺得生活容易，是因為有人替你承擔了你的那份不易。同樣，你之所以能成功，不只是你一人的功勞，也因為有人甘當你腳下的雲梯。

為什麼有些人看起來那麼平凡？是因為他甘願收起自己的光芒，把耀眼讓給對方。

「你對象這麼優秀，你運氣真好。」

「我能有今天全靠她，是我運氣更好。」

——這才是婚姻該有的樣子。

總是向你索取，卻不曾說謝謝你

讀書的時候，最怕每次收假回校。明明二十多歲的人了，他總當我是出門就可能被拐賣的小孩。每次都一定要送我去車站，還把家裡所有的零食全部大包小包給我帶上，導致我每次回趟家就像颱風過境。臨走的時候還會環視家裡，檢查有沒有漏掉什麼零食。

然後我被一堆吃的擠在座位角落。坐在馬上就要發動的客運上，我媽都已經抬腿要走了，他還倔強地站在窗戶邊，微笑地一直跟我揮手。

每次我都會報以大笑和更瘋狂的揮手，對他做口型：快回去吧！別送我了！

車慢慢發動，他還傻傻地站在那裡，我媽在旁邊使勁扯他衣袖催他走。他的身影慢慢變小變模糊，我鼻子開始發酸。我看到，他背過身的那一刻抬起手擦眼睛。

然後，我也哭了。

他有三兄妹，兩個哥哥，一個姐姐。他是最小的兒子，從小備受寵愛。以前被寵了半輩子的他，從我出生後，便變成了為我擋風遮雨的角色。我媽工作忙，幾乎三分之二的時間我都是和他一起度過的。那時候我總像個跟屁蟲一樣尾隨在他身後，他雄赳赳氣昂昂地走在前面。

「又帶女兒出去吃飯啊！你們父女感情真好。」路過的人打招呼。

「是啊。」他總是笑哈哈地應著，眉眼裡都是驕傲。

我也學他挺著胸，吧嗒吧嗒跟上他的腳步節奏。

那時候有人問我：「你更喜歡爸爸還是媽媽？」我都煞有介事地歪頭思考，然後斬釘截鐵地說：「爸爸！」

對方笑得花枝亂顫。答案傳到我媽耳朵裡時，她總是氣呼呼地丟一句：「白養你了！」

可是，我確實更喜歡爸爸呀。

為什麼喜歡爸爸？因為別人家都是慈母嚴父，我家是慈父嚴母。

我媽那個人吧，是能打我絕對不罵我，能罵我絕對不慣著我。她的愛，總顯得更加嚴厲。

他不同，他就愛慣著我。這是我媽說的。他呀，是毫無原則地慣壞我。

每次我沒錢向我媽要，總領回一頓責罵：「錢花這麼快，敗家子！」

但找他要準沒錯。他會從口袋裡掏出幾塊錢，狡黠地左顧右盼，然後對我說：「拿去花，別告訴你媽。」

他總讓我想起《西遊記》裡的唐僧或佛祖。小時候每次犯錯，他都本著回頭是岸的宗旨，拉住我就開始傳教。吊兒郎當的我總是左耳朵進右耳朵出，他看在眼裡也不以為意，總說你長大就知道了。

每次我調皮，我媽舉起拖鞋作勢要抽我，我爸總攔著她：「算了吧，別打孩子。」

當時的我，就好像跪在法場上心如死灰的臨刑犯。而我爸白衣勝雪，沐浴著夕陽打馬而來，口裡大喊著「刀下留人」。救人一命勝造七級浮屠。當時他在我眼中，周身散發金光，正像是一尊佛。

他總說我長得很快，咻的一聲就長大了。

大學和彥祖戀愛，我根本沒考慮爸爸的承受能力，沒過腦子就跟他說了。後來我媽跟我說，那天他長吁短嘆，一晚上輾轉反側：「我家女兒不到二十歲就談戀愛了，不會被騙吧？也不知道男孩人怎麼樣，對她好不好？」

所有生了女孩的爹都萬萬沒想到，彷彿是一夜之間，自己女兒就被別的男人拐跑了。以前只有自己牽著女兒走，以後她的手卻總被一個毛頭小子牽著。曾經總給自己打電話撒嬌，後來卻變成只愛對那個男孩撒嬌。

這種落差，簡直難以承受。但女兒總會長大，不交出去，難道留一輩子嗎？

我媽說，那段時間他擔心害怕得要命，整天腦補我掉進火坑，過得淒清的模樣，直到後來發現彥祖人確實可靠，才算放心。

前幾年，彥祖透露自己以後想創業。我媽還在展望他以後日進斗金的大好藍圖，我爸又開始對我媽長吁短嘆了：「該勸勸他還是別創業了。不說風險，萬一以後他老是出去應酬，沒時間陪我們家女兒怎麼辦？我們家不缺錢，最重要的是女兒得幸福啊。」

不知道從什麼時候開始，他變老了，身體也是每況愈下。

那時候每次回家，我都會發現他憔悴了一些。前年有大半年沒看見他，再見面的時候居然連一邊眉毛也發白了。駝著的背再挺直也有些吃力，我漸漸從他的眉眼中，依稀看到了爺爺老年時的影子。

我很害怕。以前那麼年輕健康的他，怎麼好像突然就老了呢？

大學的時候，他僅僅因為扭到了一次腳，就在鬼門關打了個轉。去年暈倒兩次，原因不明。第三次因為喉嚨痛去醫院，打針的時候藥物過敏，二十多攝氏度的天氣，蓋了兩床棉被還凍得直打哆嗦。

但他不說，每次打電話的時候若無其事，還聯合全家人不告訴我。我一直被蒙在鼓裡，直到好久以後才從我媽嘴裡聽到。要不是我媽是個藏不住話的超級大喇叭，我可能一輩子都不會知道。

我知道每個人都有這樣的父母：每次他生病了，總會千方百計地瞞著你，但只要知道你有個頭痛發燒，每天會打幾十通電話催你吃藥。他把你捧在手裡怕化了，生怕碰掉你一根汗毛，但自己的健康出問題，卻避而不提。

他怕你擔心。

翻翻聊天記錄和他的社群帳號，我發現這幾年他變了很多。

變得喜歡養生了，每天轉發的都是：

「緊急！太噁心，你每天都在吃，一天死亡五百多人。」

「突然心肌梗塞或心臟不適，就這樣做，立竿見影！一定要轉給身邊的人。」

「每天喝這種茶，人體能自癒！一輩子沒去醫院。」

明明是聳人聽聞的農場文章，明明是造謠傳謠的行銷帳號，但他就是怕啊，關於健康養生的一切他都看。他越來越膽小，越來越怕死。

他說：「因為我怕我們生病，你會辛苦又操心。我還想多活幾年，守在你身邊。」每次聽到這樣的話我都忍不住會哭。他和媽媽，失去任何一個人都是我不能承受之重。

我知道我們總會失去青春，父母也垂垂老矣。先是病痛折磨，然後躺在床上回顧此生。大部分中年人，都會被迫承受父母比自己先走的殘酷事實。

但老人過生日，我們依舊會祝福：生日快樂，壽比南山！

可我們心裡也明白，山能活好幾百年呢。所以這樣的祝願不過是美好的謊言罷了。我卻不願意想這個殘酷的事實。我也不敢想像。我這麼愛他，沒有他的人生該有多孤苦無依。

走的人已無知覺，活的人卻留在世間痛哭心碎。

前幾天做夢夢見他得了癌症，我從夢裡哭醒，臉上還有淚痕。心慌胸悶地趕緊打電話給他，他在那邊哈哈大笑：「我很好，做夢你也信？」

我不放心地連問了四五遍，確認他聲音真的中氣十足，語調真的高亢激昂，才心滿意足掛掉電話。沒錯，就算做夢，我也擔心他身體不好。

年少時，我們總怪他對我們管教嚴厲；長大後，我們無論如何也要逃離他身邊；成家了，我們整顆心都在孩子身上。

我們關心伴侶、疼愛孩子、珍惜朋友，卻好幾天也打通電話回家，甚至好幾個月都想不起來要回家。因為我們總有一種錯覺：他，還有她，永遠待在那等著我們的電話，不會走。

全世界最愛我們的人，卻遭到了最不公平的冷遇。但我們不知道，他們也會離開，而且也許離開得非常突然，突然到你根本來不及說再見。

越長大越發現：我們最怕的事情，莫過於子欲養而親不待。你千萬要健康呀，哪怕用我的壽命來換。我怕你突然離開，那我就失去全世界最愛我的男人了。

我愛你，爸爸。雖然我從來沒說過這句話。

Part 3

最後我們沒有在一起

沒有忠誠，談何信任

小沫的男友是她初戀，長得很帥，兩人國中就在一起了。剛開始小沫非常信任男朋友，那個年紀的女生，單純天真、奮不顧身。

後來有一次晚自習結束，小沫去他班上找他一起回家。結果看到他正和坐他後面的女生打鬧，很開心的樣子。男朋友還寵溺地摸了下女生的頭。女生笑著躲閃，結果就看到門口的小沫，趕緊站起來，很不自然地走開。

小沫心裡就種下了一顆懷疑的種子。後來她開始偷偷查男友手機、聊天記錄。越查發現越可疑。原來他和小沫甜言蜜語的時候，還同時和好幾個女生曖昧著。

你知道全身心信任一個人卻遭到背叛，是什麼感受嗎？

後來，兩人為此經常吵架，不久就分手了。

小沫曾以為自己不會再相信誰——後來她也談過幾次戀愛，都是以她疑神疑鬼而告吹。直到她遇到現任。

她對我說，鈴鐺你知道嗎，跟他在一起以後，我再也沒興趣查他的手機、看他的聊天記錄。因為他所有社群帳號裡都是我們的合照，他去任何地方都會帶我一起，他和異性聊天時三句話不離我，他的手機、iPad 隨時都能給我看，而且非常樂意。

他昭告全天下，和我在一起他有多幸福。

有種人很有異性緣，但他願意為了你，斬斷自己所有的桃花運。

我才知道，其實男生都知道怎麼做會讓你安心。如果他沒有這麼做，只能說明他不願意。

我見過太多女生（包括我），喜歡明裡暗裡查男友的手機、聊天記錄，看到可疑女生就馬上進入警戒模式。

男朋友千篇一律憤怒地叫囂：「你老是這麼疑神疑鬼，是不是有病？兩個人之間沒了信任，還談什麼戀愛？」

我特別討厭一被查就給對方扣上不信任的帽子。因為女生戀愛時這些不理智的行為，都是在宣誓主權，是在乎對方的表現。剛確定一段感情時，女生最喜歡試探對方的容忍度，來確認愛情的忠誠度。兩個人只有堅持徹底的透明和忠誠，才會構建起彼此信任的環境。

信任是什麼？

信任不是空中樓閣，信任是靠眞誠和透明，一階一階堆砌起來的金字塔，是每次我的懷疑都被推翻，我才會對你越來越放心，是你能大度寬宥我最初的缺乏安全感以及一些小任性，是你願意為了讓我安心而做出的那些努力。

而不是每次的相信都換來欺騙與傷害，還在別人豎起保護盔甲的時候責怪他：你為什麼會變成這副風聲鶴唳的模樣？

我變成這樣，你難道不知道為什麼嗎？自己搞曖昧，卻要求別人信任你。可能嗎？

當你傳訊息的時候眼神躲躲閃閃、打電話的時候避開你女朋友；當你洗澡都要帶手機進浴室，睡覺的時候也要把手機壓在枕頭下；當你對女朋友說去踢球，卻被她無意中發現你和一堆女生在喝酒；當你像中央空調一樣對所有女生好，讓對方誤解而對你產生好感，享受著曖昧。

你做著這些匪夷所思的行為，然後要求別人信任你。

這不亞於你和別的女人脫光了躺在床上被撞個正著，你還可憐巴巴地對女朋友說「我和她是清白的，她頸椎不好，天太熱，我幫她按個摩」嗎？

你女朋友不是智障。

為什麼很多男人討厭女人瞎猜？因為猜得實在太準了。

不管世界再怎麼叫囂著男女平等，女孩子終究還是弱勢一些。不管是生理還是心理上，大部分女生都比男生更加脆弱，更需要人呵護。

不要動不動就給你愛的女生扣上「疑神疑鬼」的帽子，先檢討自己哪裡做得不夠好。

直男癌總說低胸短裙濃妝的女人都很隨便，而自己一堆異性曖昧好友、每天開趴泡吧就是「出淤泥而不染」。你若懷疑，就是有病、齷齪、無理取鬧！

可以，這很雙標。

一個經常被蛇咬的人，看到麻繩都會嚇到。這不是不信任，而是過敏反應。撒手不管不叫信任，叫愚蠢；無力反擊也不叫善良，叫懦弱。

你若能給她足夠的安全感，她又怎麼會「無理取鬧」？你若給她最起碼的尊重，她又怎麼會「小心眼」？如果信任換來的總是欺騙，那麼還讓人如何保持善良呢？

一個好的伴侶關係，應該是以信任之心，不限制對方的自由；又以珍惜之心，不濫用自己的自由。若你給了足夠的安全感，她又怎麼會風聲鶴唳？

愛情很神奇，再獨立的女孩子也可能會變脆弱。

因為她那麼在意你，把姿態放低，都是因為愛你啊。

別因爲害怕孤獨去戀愛，你很難過得幸福

某個一直堅守單身的朋友，最近宣布戀愛了。她跟我說，對方其貌不揚，家境不錯，標準理工男，老實忠厚，不解風情。是父母介紹的準結婚對象。

我隨口問：「你喜歡他嗎？」她很坦白地說不喜歡。

我大驚失色：「那你就決定是他了？你們認識了多久？」

「一個多月吧。我不確定，但是我不想等了。」她頓了頓，繼續說道：「最近我一直在想，我等的那個人真的會出現嗎？還是我太理想主義、太苛刻了？一個人的日子太久了。我不想再自己吃飯，自己去看電影，自己旅行，自己還房貸了。那種孤立無援的感覺，真的太難熬了。周圍的朋友都有了另一半，我就算不那麼喜歡對

方也好，那種寂寞的感覺我也不想再忍受。」

我嘆口氣，把勸說的話咽了回去。畢竟我也體會過孤獨，那種焦灼不安的感覺至今難忘。所以我真的，很能理解她最終放棄了堅持。

可後來，再在街上看見一對對挽著手的親密情侶時，我心裡都會想：到底這些情侶裡面，有多少人在一起是因為相愛？又有多少人在一起是因為孤獨？

其實是很容易想像的。

比如深夜，全公司一起加完班走出大樓，身邊的女生都有男朋友來接，只有你孤零零的，一個人搭計程車回家。

情人節走在街上，所有女孩懷裡都捧著玫瑰，而你手中空空如也，打算去便利商店隨便買碗泡麵打發晚飯。

週末你好不容易做好飯菜，歡呼雀躍地把照片傳到社群平台，坐下來才發現味同嚼蠟，一個人吃不完還只能倒掉。

工作上受挫，被主管罵了，你強忍著眼淚回家，才發現自己沒帶鑰匙，終於蹲在門口失聲痛哭。

你總是一個人做所有的事。一個人看電影，一個人吃飯，蹲在公園的長凳上看對面的情侶忘情接吻。家裡燈泡爆掉的時候，你捲起袖子踩著凳子去換，一不小心摔了下來，你乾脆一屁股坐在地上不起來了，太無助了，真是難過。

一個人的日子，太難撐下去了。

這些時刻，你也是想戀愛的吧。起碼無聊的時候有人陪伴，開心有人分享，難過有人分擔，而不是自己消化。

曾經，你還有朋友，但是隨著年紀漸長，朋友一個個脫單，你也不好意思經常打擾他們的生活。

偶爾你也會想，為什麼就我，一直這麼孤獨？

■

但是真的要因為害怕一個人生活，就開始一段戀情嗎？也不是不可以。但是這樣的結果，很多都不會太幸福。

想想你們度過一開始的甜蜜期後，只因為寂寞而在一起的副作用漸漸顯現出來：

你確實不用再一個人去吃飯。但是你們會因為吃什麼而互不相讓，或者在進食的過程中無話可說。

你看完了一本書，想跟他交流和分享。但你忘了，他只喜歡打遊戲，根本不愛閱讀。

工作上的挫折你終於有人可傾訴，可對方的反應除了幾句輕飄飄的安慰，也給不了更多。

你從學生時代就有的旅行計畫，因為他沒興趣而擱淺；情人節依舊沒有玫瑰，因為對方覺得這樣的消費很不划算。

漸漸地，你的愛好，他都不置可否。他喜歡做什麼，你也漠不關心。就連爭吵，都吵不起來。因為兩個人的意識根本不在一個水平面，你說東，他以為是西。

後來，即使他就睡在你旁邊，半夜醒來，你也不想抱他，只是盯著天花板，感覺到徹骨的孤獨。

因為寂寞開始的戀情，大抵都會這樣。

遷就和磨合，是相愛才能做到的事。交流與溝通，是相知才能做好的事。

也許剛開始，你會因為有人陪伴而欣喜。你可以跟全世界宣布你戀愛了，對方也許是個各方面條件都不錯的伴侶。大家紛紛送上羨慕的眼光，你被寵溺包圍著，覺得很幸福。寂寞太久的你，也可能會把這種陪伴誤以為是愛情。

但是這畢竟不是愛，只是對孤獨的恐懼和妥協。

愛情就是兩個原本生活得很好的人，願意在一起更好地生活。而不是兩個過得很糟糕的人，為了不那麼糟糕而在一起湊合。

所以兩個人彼此崇拜和欣賞，三觀一致又合拍，才有資格戀愛。溝通不會雞同鴨講，相處也沒有那麼累，才有理由一起生活。

最重要的，是這個世界上只有他，能點燃你。除了他誰也無法代替。

一個稱職的伴侶，許多人都能勝任。但是愛情難等，追根究柢是因為我們在一起，從始至終都因為瞭解，而不是孤獨。

千萬別因為寂寞而戀愛，就好像林夕曾經說過的一樣：「很多人結婚只是為了找一個跟自己看電影的人，而不是能夠分享看電影心得的人。如果只是為了找個伴，我不願意結婚。我一個人都能夠去看電影。」

所以，請勇敢地對那些質疑你為什麼單身的人說：「因為我是一個人，我還沒等到那個人，所以暫時一個人。一個人有時候其實很孤單，但是不能為了單純的孤單，就放棄一個人的日子，去將就兩個人的生活。」

愛情這種事寧缺毋濫，在等到那個人之前，我願意一直忍受孤獨。

等不了你了，我要走了

中午我打開信箱，一封一封地看積壓已久的郵件，突然看到上週有個男生發來的傾訴。標題叫「我最愛的女孩嫁人了」。

他說自己和前女友青梅竹馬，兩家素來交好。從十五歲到二十五歲，兩個人最美好的十年青春都獻給了彼此。畢業後，他選擇了創業，女友在一所高中任職。

原本兩人這輩子的藍圖都規劃好了：二十七歲結婚，二十九歲生小孩。五十歲孩子大學畢業，兩個人出去滿世界旅行。

沒想到就在前年，因為男生急著賺錢結婚，一時衝動，投資失利。最後輸紅了眼，將房子抵押變賣，積蓄化為烏有，還負債累累。

從小就優秀的他，忍受不了瞬間跌落谷底的落差，又覺得自己再也配不上眼前這個好女生，沒法再給她未來舒適的生活。

於是他提出分手。

女生聽後如同晴天霹靂，一直追問理由。出於男人的自尊，他咬緊牙不說，還直接買了北上的火車票，走時心裡暗暗發誓要早日東山再起，再來找她。

那之後，他連家裡都鮮少聯繫，更叮囑父母不能向她透露自己的行蹤。但是事與願違，越想出頭，事業反而越發坎坷。時間長了，他回家的勇氣也磨滅得只剩下零星。後來只聽說女生在四處打聽他的下落，可就算再想念，他也不敢聯繫。

因為現在的自己更加不配。

他問我：「鈴鐺你有沒有聽說過這句話——在最沒有能力的年紀，遇到了想照顧一生的人？我就是這樣，那時候的我，怎麼配得上那麼美好的她？」

直到去年，他終於存夠了能讓她過得衣食無憂的錢，卻從父母那裡輾轉得到了她已經結婚的消息。原來自從他離開後，一整年音信全無，女生多方打聽也沒有他的下落，心死之下，又找了一個男朋友。沒多久，兩個人就奉子成婚了。

他告訴我：「得到她結婚的消息那一刻，我覺得自己一無所有了。我已經失去了回家的理由，更沒有勇氣說出當年我為什麼要走。有時候我們總以為，某些人會永遠在那等著，但是這也不過是可悲的自以為是。

「我走的時候沒留下任何解釋，女孩子的青春又那麼短暫。是啊，我憑什麼要她等？沒有人會永遠站在原地。時間是流動的，一切都是可以消失的，愛情失去了用心陪伴和維繫，當然也不會永恆。」

賺了那麼多錢又有什麼用？最想要的人已經去了別人懷裡。

我突然想到前段時間看的一檔日本綜藝節目。大概講的是如果你可以回到過去，你想對曾經的自己說些什麼。

節目裡，老爺爺秋原秀夫，正和十八歲的自己親切地打招呼：「喂，秀夫，我是七十六歲的你！你將會報考著名的東京都立和早稻田大學。我希望你好好讀書，所以先告訴你結果。你重讀兩年，兩個都落榜了。加油哦！」

這種神轉折，嘉賓聽了都哄堂大笑，我聽完也忍不住咧嘴。

可接下來他說的話，就讓我笑不出來了。

老爺爺繼續和二十四歲的自己打招呼：「喂，秀夫，我是七十六歲的你！你還好嗎？你會在公司認識一個女生，和臉超小、超可愛的小華醬交往。你一向沒什麼女人緣，所以懷疑自己是否配得上她，於是一直猶豫要不要求婚。」

這時候沉默了兩秒，老爺爺扁了扁嘴，繼續說道：「心中有愛就要馬上行動啊！因為……兩年後，小華醬就會因病去世，你會無比後悔，極度悲傷。

「你一直都忘不掉，所以，直到你七十六歲，依然獨身，未曾婚娶。

「所以啊，秀夫，你替我轉告親愛的小華醬，我整個人生當中，唯一愛的女人就是小華醬。我最喜歡的只有小華醬，一定要幫我轉告她啊。」

最後他對著鏡頭揮手，像是對著二十四歲時的愛人說：「小華醬，我愛你哦。」

可是世界上哪有什麼時光機器呢，小華醬也早已經不會知道了。我想，她可能一直在等待老爺爺的求婚吧，卻直到去世也沒有等來。

後悔莫及的老爺爺，耗盡一生的歲月向她寫出了「我愛你」三個字。

誰沒有過這樣的經歷呢？

懦弱又膽小的我們，也是很多年以後才懂得：有些話不說，這輩子可能再也沒有機會；有些事不做，可能就會變成永遠的心結。

雖然愛情無法延續生命，但我想，有時候勇敢起碼能讓彼此心中不留遺憾吧。

每個人的生命裡，都難免會有這樣的懊悔：有子欲養而親不待，有錯誤的時間遇到對的人，也有因為懦弱和自卑而不敢伸出那只手，未曾踏出那一步。

曾經最好的異性朋友，喝醉後跟我說這輩子最遺憾的就是不敢追國中時的鄰座同學。直到後來她找了對象，才發現這麼多年還是一直忘不了她。

信件裡那個男生也在後悔，直到前女友結婚以後，才發現愛情從來都是不離不棄。所謂的自尊都是浮雲，為什麼不在當初握緊她的手？

爺爺去世多年後，我爸提起他還是會淚濕眼眶，覺得自己不夠孝順。我也會愧疚，因為小時候太不懂事，那時每次他想找我聊聊天，看見我意興闌珊的臉都會把話咽下。

我們不夠勇敢，把一切想得太簡單。我也曾覺得很多事情明天再做也可以。等到我足夠強大了再追你，等到我足夠優秀了再愛你，等到我有能力有時間了再盡孝。

可是真的有明天嗎？你總說有些事明天再說，卻沒想過也許根本到不了天明。你的明天，遙遙無期。你以為靜止不動的那個人啊，其實也總有一天會心灰意懶，離你而去。

愛會等人，但是時間不會等。

我一直都知道，只要是我真正想要的，最好現在就做到。世界上每天都有事情在發生，機會每分鐘都在錯過。每一秒都在生離或者死別，許多都毫無預兆，也猝不及防。你又何必把人生安排得滴水不漏，然後丟下一張「等我」的字條，為了勇氣和虛無縹緲的幸福四處征戰？

小學課本就教我們「今日事，今日畢」。有時候人真的就需要那麼一點衝動。**想做的事情馬上去做吧，自卑是無用的，錯了重來就是了，錯過才是人生最大的痛苦。**所以有喜歡的人，就去表白吧；愛著父母，就去盡孝吧；放不下一個人，就去找他吧。想做的事情，千萬不要留到以後啊。

人生一定要記住這兩句話：**前半生不要怕，後半生不要悔。**

為什麼要猶豫不決呢？年輕的我們就算沒有成功，又會有多少損失？明天正是由無數個今天組成的，不抓緊今天的人，永遠不可能會有未來。

和三觀不合的人戀愛，是一場災難

青樹和男朋友，因為一台 iPad 正鬧分手。聽起來很匪夷所思吧。她把兩人的聊天記錄傳給我之前，我也覺得她在開玩笑。

青樹的男朋友國立大學畢業，念的科系不錯，現在月薪十幾萬；青樹在國營企業混日子，月薪兩萬多，平時做做副業什麼的，也賺了點小錢。

兩個人談戀愛兩年，男朋友沒送過她一份禮物，只有在剛戀愛的第一年生日，在青樹的強烈要求下送過一朵花，就是吃宵夜的時候，有人提著花籃叫賣的那種。

在青樹傳給我的聊天記錄裡，她說自己最近賺了幾筆外快，想買個 iPad 平時看看劇，或者處理郵件。結果男朋友說沒必要買 iPad，她已經有個蘋果手機了，功能完全一樣。青樹說 16GB 太小不夠用，而 iPad 螢幕夠大。他還是堅持不讓她買。

一台 iPad 只要一萬多，青樹自己付錢，他都不同意。

後來越說越離譜，男朋友說自己養不起她了：「平時兩個人吃飯，兩道菜就夠了，你老是叫四道菜這麼奢侈我也就忍了。現在越來越過分，什麼都想要。按你這個消費水準，以後沒錢了，要出去賣嗎？」

青樹看完，說了句「分手吧」，就封鎖他了。

「我就不說了，他什麼時候養過我？在一起幾年在我身上花的錢不超過一萬。」青樹情緒很激動，「而且說叫四道菜奢侈，他每次吃飯都是一個人把菜都夾光了，不多叫一點我吃什麼？今天想買 iPad 就被侮辱一通，以後存夠錢了想買個包，不得殺了我啊？」

那早知道這麼不合拍，為什麼還能在一起兩年？

青樹很無奈：「他追我的時候根本不是這樣，當時很大方慷慨。其實人品還是不錯的，但是這方面確實不能忍。內褲都已經好幾個洞了也不扔，說還能用就沒必要買新的，還逼著我跟他一起穿破的！我真是受夠了！」

頓了頓，青樹繼續說道：「而且這次，他根本不覺得自己有問題，只覺得我奢侈、不夠持家。我從小的家庭教育就是人不是錢的奴隸啊，爸媽都說我想買什麼就買，只要能提升生活品質就行。買個 iPad 就是敗家了？這什麼觀念真的要不得。」

我彷彿親眼見證了一段金錢觀南轅北轍、兩個人雞同鴨講的感情。

突然想到去年，我家一個遠房親戚離婚了。原因並不是常見的出軌，而是聊不來。

這對夫妻的孩子才出生一年多，離婚理由居然是聊不來。

其實兩個人之前是自由戀愛，一見鍾情。見了父母以後一拍即合，很快就結了婚。進入圍城後，才發現婚姻完全跟戀愛不是一回事。

丈夫覺得對一個家庭最好的愛就是努力賺錢。所以他每天沒日沒夜地加班，經常應酬到凌晨兩三點。妻子卻覺得最好的愛是陪伴，孤獨的她，向丈夫軟硬兼施哭訴了好多次，對方卻覺得下班後在家陪老婆是一件很窩囊的事情。

工作狂和居家小女人的婚姻組合，注定是悲劇。

「你有那麼多朋友、閨密，你找她們玩去不行嗎？我這麼奮鬥，不也是為了這個家？」

就在離婚之前，妻子跑來跟我媽哭訴過：

「我知道他是為了這個家的未來。可是我每天獨守空房真的很悲涼。我以為懷孕生孩子後他就會好一點，畢竟是自己的骨肉，起碼會戀家了吧。結果我坐月子的時候他還是每天一兩點才回來，跟客戶喝得醉醺醺的。我能說什麼呢？又不是在外面花天酒地。

「結婚以後才發現，我和他，對生活和婚姻的理解完全不同。有個詞叫喪偶式婚姻，他就是這樣的丈夫啊，除了錢，關懷、陪伴什麼都不能給。他不懂我帶孩子有多辛苦，也覺得我說寂寞是矯情，因為他媽一直都是這麼過來的。這樣無法溝通的組合，繼續下去才是悲劇。」

能說丈夫就一定是錯嗎？他只是用自己的方式，去努力愛這個家，但是他不能理解妻子為什麼會覺得孤獨。

一段感情的破裂，可能並沒有誰對誰錯，只是價值觀差得太多，溝通無能。你不贊同他的想法，他不理解你的立場，每天都是雞同鴨講，吵架都吵不到同一個重點。

你又給不了我想要的東西，活在自己的世界裡的付出沒意義。這樣的一輩子，想想都很煎熬。有愛又怎麼樣，我們無法相愛。

就好像我曾經看過的一句話：「兩個好人，卻沒有一段好的婚姻。」

這個世界上，因為三觀不合而分手的情侶、離婚的夫妻，比你想像中多了太多。你喜歡看書，她覺得你迂腐。她愛看綜藝，你覺得她膚淺；你無辣不歡，他卻口味清淡。無法相互妥協，到最後只能分開吃飯、你覺得愛情可以沒錢婚姻不行，他覺得有情飲水飽，兩個人一起吃苦也是幸福。

經常為錢吵架，可能是金錢觀不一致；緊張的婆媳關係，也許來自丈夫失敗的處理；出軌劈腿，是兩個人對婚姻是否需要忠誠的理解有偏差。

其實感情裡很多事都不存在對錯，而是兩個人家庭環境和成長經歷不同，連帶影響了一個人三觀的塑造。

一段完美的關係，是你懂我拋過來的梗，我也懂你無意中的細微表情。我們有話可聊，有共同的奮鬥目標，有很多的共同愛好，而不是互相瞧不起對方的一切。

沒有背叛，為什麼會分手？你沒有錯，他也沒有錯，可是你們倆在一起，就成了最大的錯。無法溝通，感情不能長久，其實就是三觀不合。

三觀不同，也無法磨合的兩個人，不管在一起多久，談的也是一段原地踏步的戀愛。

隨著時間的流逝，你發現越來越多問題無法調和。你的一切想法他都否定，他的一切想法你都無法理解。換位思考這個詞，對於你們倆來說形同虛設。

很多人覺得找對象結婚要門當戶對，要有錢有貌，其實三觀才是最重要的一點。性格可以磨合，三觀卻沒辦法磨合。在婚姻或者感情裡，三觀一樣的人才有更穩固的關係，因為有一樣的價值觀和目標，才能共同奮鬥，沒有太多衝突。

電影《愛情決勝點》裡有一句臺詞：「親愛的上帝，這並不是我心血來潮時的許願，為了這個目標，我從來沒有放棄過，並且一直都在努力。你要相信我，所以，請你給我福音，照亮以後的黑夜，還有未知漫長的路。」

能遇到一個合適的人，是一種幸運。

希望你們都能找到一個完美契合的人，不需要無止境地妥協，也不需要太多的取悅和迎合。**最終我們不僅僅要嫁給愛，也要嫁給合適。**

爲什麼人生贏家都是「綠茶」

你身邊有「綠茶」嗎？

頭髮黑長直，眼睛又大又亮，裸妝，說話輕聲細語，大家一起出來，特別懂得照顧人，舉止優雅，知書達理。

你看見她就覺得煩，因為男朋友總拿你跟她比：「你看看人家，你多學學行不行？」

女生都不喜歡她，覺得她很做作。男生卻把她當夢中情人，覺得她溫柔可愛。

安安說，自己的「閨密」就是這種女生：「明明我也很優秀，學歷比她高，工作比她好，性格也比她獨立自主，但是男生就喜歡她那種虛偽、喜歡化妝、撒嬌讓人花錢的，而且我覺得她非常弱智，這也不會，那也不懂，總要男生幫忙，而對方還很享受。鈴鐺，你說他們是不是腦子進水了啊？」

本來安安一直對她嗤之以鼻，覺得她以後肯定不會有什麼出息。沒想到前陣子，閨密居然找了個非常優秀的男朋友。一百八，開賓士，家庭背景好，個性也好，對她無微不至，安安卻依舊是條單身狗。

她義憤填膺：「現在的直男也沒用了，物競天擇，留下的怎麼都這麼傻？還是艾薇兒說得好，只有女人才能看出誰是真正的婊子。」

我沒說話，因為安安那個閨密我認識，可她給我的印象和安安口中所說的完全不同。在我看來，她只是個比較聰明、會撒嬌的漂亮小女生而已。

而且，你以為當綠茶那麼容易嗎？

▪

一個讀者跟我聊天，說她有個高中同學小白，讀書時家境很貧困，其貌不揚。但現在在美國定居，還找了一個在投資銀行工作的老公。

八卦她這十餘年的生活軌跡，可能還真的算是大眾眼中標準的綠茶形象呢。

在大家都在偷偷談戀愛的高中時代，小白一胖毀所有，沒人喜歡她。她基本上也不打扮，一心向學，每天熬夜讀書到凌晨，輕輕鬆鬆就考上了上海交大。為什麼是上海交大？她曾經跟當時的好朋友透露，因為上海機會多，交大男生比例高。

高三的那個暑假，她脫胎換骨。

她透過不間斷節食加上運動，兩個月減了十公斤，然後跟著時尚雜誌學了肌膚保養和化妝，整個暑假都沒出門，變得很白。據說她還去整了容，墊鼻子、割雙眼皮花了十幾萬，都是她從小到大存的壓歲錢。

剛進大學，外表驚豔的她，很快被一個很有權力的學生會幹部追求，之後兩人順理成章地在一起了。

之後她的生活就跟開了外掛似的。首先透過這個幹部男友被招進學生會，出眾的組織能力和社交能力得到了學生會老師的青睞。她很上進，也不恥下問，很快在學生會的地位比那個幹部男友高得多。沒多久她和男友分手，又跟一個老師的兒子談起了戀愛。透過老師的推薦，她得到了很好的實習機會，最後在某家很厲害的金融機構就業。

然後她又和老師的兒子分手了。

之後的故事你也許能猜到：她的每一個追求者、每一任男朋友，都不是一窮二白的呆頭鵝，不是有能力就是有地位，能給她的事業發展帶來很多難得的機會。他們教導她、提攜她，無私地當她的墊腳石。

更難能可貴的是，她雖然交過不少男友，但每個人和她分手以後，都對她稱讚有加。可想而知其情商有多高。

後來她得到了公司主管的賞識，被調到美國。這名讀者跟我說，最後一次收到她的消息是她已經找了個在投資銀行工作的老公，把父母接了過去。她拿到了綠卡，也有了孩子，在圈子裡已經成了神話，別人早已不在乎她是如何上位的，只會封她為「人生贏家」。

雖然這樣的價值觀不值得提倡，但是在世俗眼中她無疑是成功的。這種綠茶，可不是人人都能做。

說真的，除了少部分綠茶喜歡勾引挑撥、有點心術不正，大部分你所鄙夷不齒的綠茶，其實都比你強多了。高段位的綠茶，可不是一般人能做的。

日劇《失戀巧克力職人》裡的女主角紗繪子就是女神級綠茶，男主角是有著男神氣質的備胎，女配角暗戀男主角。

女配角假裝不經意地說：「其實我覺得你能一直喜歡紗繪子，也很不可思議，明明知道她就是為了讓男人都喜歡她，為什麼還是不放棄呢？穿著低跟鞋，楚楚可憐地表演著，為什麼會被這種把戲完全吸引住呢？」

然後，男主角睜大眼睛看著女配角，一臉不可思議、不以為然、理所當然地認真回答：「就是因為太明顯了所以才可愛嘛，看不出來的話就不覺得可愛了，男人很遲鈍的，明顯一點正好，覺得她很努力這點很可愛。」

這種女孩子，很懂戀愛哲學。

通常只有長得好看的女生，才會有當綠茶的資格。她們每天十幾道保養程序，化妝品一年都可繞地球三圈。你說素顏是真實不虛偽，只是因為你不懂化妝的魅力，你也懶得花精力去學。

她們往往對自己要求非常嚴格。為了達到目標，往往付出常人所不能及的努力。她們很懂何時該做什麼，眼光也比同齡人長遠。

這種女孩子，一般都比較堅韌。

她們大多數都比你更努力上進。這樣的女生，往往看起來柔弱，內心卻非常堅韌。

你總覺得她們做作虛偽，裝腔作勢，她們其實只是很懂別人喜歡什麼模樣，更清楚自己的目標，知道自己要什麼。她們明白什麼時候該及時抽身，從不會藕斷絲連、拖泥帶水、在一段對自己無益的感情裡浪費時間。

這種女孩子，大多情商很高。

她們只過好自己的生活，根本不在乎你們的評價。就在其他女生碎嘴的時候，她們不聞不問，早已默默達成目標。

這種女孩子，內心很強大。

所以，你應該知道為什麼人生贏家總是綠茶了吧。

有種理論說，女生之所以討厭綠茶婊，很大原因是綠茶搶占了她們的擇偶資源。沒錯，越受異性歡迎的女孩子，越容易被扣上綠茶的帽子。但你想過對方為什麼受異性歡迎嗎？可能就是善解人意、情商高、會撒嬌、會說話，誰擋得住這樣的魅力呢？

也有女生愛說花男人錢的都是綠茶，卻沒想過一件事：能讓男朋友心甘情願掏錢，也是一種本事。這是你們難以企及的情商。

你只看到了人家是綠茶，疑惑她為什麼能受男生歡迎，為什麼能活得那麼成功，你甚至感嘆，可能整個社會都看臉吧，太膚淺。但其實有能力找到不錯的另一半，有能力讓自己過得更好，這並不是只要臉好看、會撒撒嬌就能做到的。

因為綠茶大多智商情商都高，耐力超凡，性格又很討喜。

我在網路上看到過這樣一段話：光看到別人的甜但知道別人的苦嗎？她為了不浪費幾百元生活費，選擇回家煮麵吃不苦嗎？保養、打扮自己、研究怎麼穿好看不需要精力嗎？交男朋友讓他們心甘情願花錢不需要高情商嗎？找富二代老公不需要擔心他身邊的狂蜂亂蝶嗎？你只是想把自己沒好命的鍋甩給「男人是喜歡花錢打扮自己的那種女人的膚淺生物」，而不願意承認自己不敢像她一樣做出犧牲。

如果不去提升自己，吸收別人的優點、改掉自己的缺點，你就永遠只配對著別人的幸福羨慕嫉妒恨。

我們爲什麼會分手

有個男生傳私訊給我，說自己和女朋友吵架了。吵得很凶，感覺都快分手了。

男生說自己工作比較累，每天下班後都會打遊戲放鬆。那天吃完飯剛開電腦，女朋友就跑來說「我們今晚去看電影吧」。磨了半天他都沒答應，女朋友就生氣了。

「鈴鐺，你評評理吧。我每次打團戰，她就在旁邊一直鬧我。這次我就一直耐著脾氣哄她。結果最後她就開始哭，從我不陪她看電影，說到公司的事，居然還抱怨我沒發現她換了新髮型。我工作那麼辛苦，她不體諒我就算了，還整天無理取鬧。你說她是不是腦子有病？」

機智的我想了半天，問他：「你是不是很久沒跟她約會了？」

他：「是啊。我工作很累啊，哪有精力約

會？」

我：「所以你也很久沒跟她聊天了嘍？」

他：「沒空啊！再說老夫老妻有什麼可聊的。」

我：「哦。沒時間和女朋友交流約會，有時間和兄弟打團戰？」

其實你女朋友委屈，不只是因為你不陪她看電影，而是你用工作忙為藉口忽略了陪伴。她生氣，也不光是因為你沒發現她換了新髮型，而是原本應該最愛最親近的人，居然變得對她的一切漠不關心。

永遠記住一句話：你不關心，自然有別人來替你關心。

說真的，這種情侶組合一看就是交往一年以上的。

半年以下的熱戀甚至追求階段，兩人的性格真是無比溫順又美好。

對男生來說，哪怕當時打完這波團戰就能穩贏，女朋友一通電話就得冒著狂風暴雨的髒話掛機，然後搖著尾巴上門。對女生來說，就算心裡再惱火，明面上也會把自己性格裡無理取鬧的一面收得乾乾淨淨，盡量讓自己顯得很善解人意。

裂痕從什麼時候開始呢？就是從你們以為關係穩定了開始。

今天有個很久沒聯繫的異性好友跟我說，前陣子他女朋友封鎖我了。當時我是傻眼的，因為太久沒說過話，我根本不知道被封鎖這回事。我就問他：「大哥，我哪裡得罪你女朋友了？」

他說因為他女朋友老是不高興。我又整天在社群平台上分享好笑的事，於是他經常給女朋友看我的貼文，逗她開心。女生一看，嘿你這個智障，我跟你在一起居然天天跟我提別的女生。

好，這樣就吵架了。

先不說這個吵架的理由我有多無辜，會有這樣的摩擦，大多是感情小白。吵架，通常是缺乏溝通導致的。一個不夠聰明，一個不想再忍耐。

在沒有互相傷害的狗血情節，沒有雙方父母的強烈反對，沒有第三者插足，沒有金錢利益糾紛的前提下，相愛的人為什麼會分手？可能，是因為有太多爭吵。之前保持熱情大多是因為得不到，既然已經擁有，自然失去了溝通和討好的興趣，也就變得更加難以忍受對方的缺點和脾氣。

感情裡最大的誤會就是：你以為對方說一句「我永遠愛你」，你們就眞的能永遠了。

我見過很多女生在確定關係後，整個人變得邋遢又敷衍，完全失去了吸引力。也見過很多男生在感情穩定後，不再關心女朋友在想什麼、她有什麼需求。

他們分手的時候痛哭流涕：說好的愛一輩子呢，說好的一直走下去呢，你怎麼就先放手了？

很多時候，你以為是對方放了手，但其實先鬆手的是你自己；你以為真愛就是不用費勁去維持，就是向對方展示出最真實的一面也能得到忍耐和包容。

關係的確立會給兩個人錯誤的信號，認為對彼此的瞭解就能適當放鬆。

但其實不是這樣的。

當你身邊有一個人，你知道會一直跟他過下去，有時候你們明明抱在一起，睡在一起，吃在一起，但還是會覺得孤獨、心很空。

感情落入平淡期，最容易被人乘虛而入。

你忘了曾經你們那麼熱情，會去瞭解對方的喜好，為了迎合對方而改變。穿成對方喜歡的樣子，因為對方的喜怒哀樂而牽動情緒。後來你開始變懶。懶得去關注對方的一切，懶得去維持和保鮮愛情。

你以為你們相愛，對方就永遠不會變，自己也不用努力，不用去瞭解他在想什麼、做什麼、比起以前有了哪些成長和進步。

時間是流動的，人也是會改變的。兩個人的感情，也不會是一直停滯不前的。

故步自封的是你，自以為是的是你，先鬆手的是你。

那我離開，也不算是背叛吧。

你總是說：為什麼我這麼愛他忍他，卻還是分手了。

因為你根本不懂他要的是什麼。

大部分的人，終其一生找的不過是「瞭解」二字。把忍耐變成理解之後的換位思考，是昇華一段關係的關鍵。夠瞭解，那麼一切問題都會迎刃而解，不夠瞭解的話，很多問題都會發展成爭執。

所以相愛的人為什麼會分手？因為我們都越來越懶。

哈佛幸福課裡曾經這樣說過：要使愛情長盛不衰，更重要的是經營。

是什麼使婚姻獨一無二呢？不是苦苦尋找合適的人選，而是經營這段感情。是一起工作、一起休息、長期相處、互相奉獻的結晶——獨一無二的深厚感情就是這樣培養出來的。

經營婚姻是一個過程，不是已經獲得了幸福的婚姻，而是要使婚姻變得幸福。

問問自己：

你和對方在一起幾年了？

你們多久溝通一次？

你們有多久沒出去約會了？

你們吵架的頻率是怎麼樣的？

你現在和他牽手接吻還會心動嗎？

你們睡覺的時候還會手牽著手或者擁抱入眠嗎？

你們還會為了討對方歡心，花一個下午準備驚喜或者下廚嗎？

回想的時候，你就會知道感情越來越稀薄的答案。

你以為留住一個人，有責任感就可以，但是不懂經營，幸福就會漸漸磨到沒有。

分手在今天，死心在三萬年前。

心是需要被溫熱的。當厭倦了這一切，傷心的次數多了，對方就會打包好所有行李和回憶離開，再也不會回來。

我不能麵包和愛情都要嗎

有個女生問我：鈴鐺，你說我該選麵包還是愛情？我不禁翻了個白眼，這爛俗的話題。

女生繼續說，自己和男朋友七年感情，臨到結婚卻猶豫了。她暑假去了男朋友家，發現他家的經濟狀況比想像的更差，不光是沒錢，是窮，負債那種。

剛好最近媽媽介紹了一個相親對象給她，有房有車有存款，只是沒有愛。

她問我，該怎麼選？

我想了想說，講個故事給你聽吧。

木子是個二十多歲的女生。

她家境平平，野心卻不小，大學剛畢業就閃

婚了。對方是個富二代，自己開了家小公司。結婚時，兩人才認識一個月。

木子的目的很明確：錢。

貪財上，算是求仁得仁吧。

她也是過了一段瀟灑日子——社群帳號上各種海島蜜月、曬名牌鞋包、出席高級酒會。但是時間久了，雙方的本性就全暴露了，越看對方越不順眼。

嫁給錢的後遺症，是沒有感情基礎做濾鏡，一切醜陋都是那麼真實。

富二代覺得木子敗家就算了，還膚淺懶惰，金玉其外，敗絮其中；木子發現富二代經常出去應酬實際上是瘋玩，還和好幾個女生搞曖昧。雙方都覺得對方不是個好東西，從不站在自己的角度考慮問題。最後兩人每天吵架，甚至大打出手。

木子越來越想大學的初戀男友。他沒什麼錢，但是對她很好。他會因為她餓了，半夜兩點披衣起床幫她買宵夜。最窘迫的時候，兩個人分一碗麵。她吃麵，男朋友喝湯。

她說自己想離婚，但是這種光鮮亮麗、大手大腳花錢的生活，習慣了就離不開。而且，她懷孕了。木子的母性很強大。她說，自己對婚姻沒了信心，卻不忍心殺掉一個無辜的孩子。可能，這輩子就綁在一個不愛的人身上了。

木子說：我才發現，光有錢可能並沒那麼好。

但就算時光能倒流，讓木子重選一次，放棄麵包嫁給愛情，她就會幸福嗎？

未必吧。

她可能仍然會每天和老公爭吵，嫌他沒錢沒用。

三十多歲的年紀，最奢侈的保養品是歐蕾。沒錢留住青春，對著鏡子看著自己皺紋橫生的臉咬牙切齒。每天在家抱怨水電費太貴，在菜市場為了幾塊錢和菜販討價還價。等到摩擦不斷把愛情也弄沒了，又開始難過後悔當初沒選麵包。

有種人，怎麼選都會後悔，怎麼選都不會幸福，因為她太貪心又太蠢。蠢在思考僵化，認為麵包和愛情一定站在對立面；貪心在她想要的麵包一定要比別人的都大，愛情一定要比別人的都純。

以前總有人問我：「你選愛情還是麵包？」

年輕氣盛的我說：「憑什麼不能都要？」

你選物質還是愛情？這個問題就好像大人拿著五百元問我，錢只夠買一個玩具，你要芭比娃娃，還是遙控飛機？我真的很想嚎啕大哭，耍賴打滾。我兩個都想要啊，為什麼非得選一個？最後我選了夢寐以求的芭比娃娃，卻覺得不快樂。因為得不到的關係，遙控飛機在我的心裡顯得更重要了。

我們什麼都想要最好的，還不願意付出，這就有點尷尬了。你想坐上 BMW 無可厚非，誰不虛榮呢？但你有配得上 BMW 的衣服和包包嗎？

有人覺得要夠吃一輩子的才叫麵包，也有人總認為矢志不渝的才叫愛情。但你想過嗎？其實我們可以芭比娃娃和遙控飛機都買，只是不用買那麼貴、那麼好的。

■

很多女生總覺得，我要了麵包，就得放棄愛情；要了愛情，就會吃不飽肚子。

不是這樣的啊。

不是因為你太貪心又太弱，能力不夠胃口又太大，所以只能二選一，就是因為你對這份感情沒信心，才會在麵包和愛情中搖擺。

第一，如果你們夠相愛又有過得更好的決心，你們以後一定會有麵包。

第二，如果他對你夠好，你也不會糾結到底要愛情還是麵包。

第三，你會毫不猶豫地選愛情，假如你自己買得起麵包。

而且麵包為什麼一定要買大份的？

誰規定我不坐在BMW裡哭，就一定要坐在自行車上笑？同樣是代步工具，我就不能坐在Toyota裡笑嗎？

吃不起龍蝦鮑翅，吃吃麻辣火鍋也行；穿不起LV、Prada，穿Zara也可以；買不起愛馬仕的包包，CK也夠用。衣服不就是蔽體的嗎？食物不就是果腹的嗎？包包再貴，也只是個裝東西的工具。

別人眼中的幸福真的有那麼重要嗎？真的值得你犧牲快樂，那麼用力表演？

那我也只能攤個手，說句該配合你演出的我視而不見。

女孩，說真的，你可以嫁給錢，但不能只盯著錢。

你可以嫁給愛情，但別以為愛情就能抵禦一切現實。如果愛情是一場傷風感冒，沒有麵包就是災年饑荒。

選擇除了錢以外一無所有的婚姻，瑣碎的生活不是讓你索然無味，就是逼你跨越道德禁區。選擇了只有愛情窮到掉渣的婚姻，你以為「有情飲水飽」，最後卻變成「貧賤夫妻百事哀」。

聰明的好女孩絕不會選擇餓肚子度日，但粗茶淡飯也不難過，因為至少有愛下嚥啊。

所以，別再問我選麵包還是愛情了。

麵包和愛情我都想要，擁有知足的「貪婪」才過得好。

想找「潛力股」？也不問自己配不配

朋友前幾天打電話給我抱怨，說她有個女同事，最近託她幫忙找對象。她都快煩死了。

朋友說：「我問她，你的要求是什麼？同事想了半天說，高富帥可能也不可靠，你幫我找個『潛力股』吧，類似你老公那樣的。暫時沒錢也可以，最重要的是人有發展潛力，我願意等。」

我很疑惑：「她的要求蠻正常的啊，這有什麼煩的？」

朋友無語：「想找『潛力股』是沒錯，很多女生都想找個『潛力股』。但她沒有一樣拿得出手，靠什麼找這樣的人，又靠什麼留住對方？

「臉不行，身材胖，這些外在先不說了，個性也不大好，好幾次在辦公室和同事吵架。至於工作嘛，你知道的呀，我們公司每個月就這點錢。她家境更不行了，下面還有兩個弟弟，以後負擔肯定很重。

「不是我說話刻薄，她想找個潛力股，也得審視一下自己的自身條件。『潛力股』難道不知道自己有潛力嗎？人家憑什麼喜歡你？而且看人比看股票難多了，你怎麼確定一個人就是『潛力股』？每年這麼多投資項目，誰也不能保證自己就能投到百分之百盈利的那個。

「她要的是只賺不虧的『潛力股』，我上哪找啊？」

後來朋友就假意答應同事，也沒認真去尋，最後就不了了之了。

身邊很多人建議，包括擇偶期的女生自己也會想：找老公不需要找太有錢的，不可靠。找個「潛力股」就行了，彷彿「潛力股」男人就是金飯碗，拿穩了就能吃一輩子。

事實是這樣嗎？

暫且當你已經鎖定了一支「潛力股」，而且你們看對了眼。但這真的不代表你以後就完美幸福。

都說男人三大樂事：升官、發財、換老婆。換掉的，往往是跟不上他腳步的老婆。再深的恩情，也不可能承重一輩子。對方也會想：我已經志得意滿，你卻還是糟糠之妻，如何配得上我？

同學的阿姨年輕時委身下嫁「潛力股」，為了她老公的事業能節節攀升，做出了許多犧牲。後來男人功成名就了，外遇提離婚，絲毫不念舊情。

《喻世明言》裡有一篇〈金玉奴棒打薄情郎〉，說的故事也是如此。金玉奴出身乞丐團頭之家，她的丈夫莫稽早年貧困潦倒，入贅金家，有賢妻相助連科及第，得授司戶之職。莫稽貴顯後，不但不念妻德，反而嫌她出身微賤，影響自己的名聲、前途，在赴任途中將玉奴推落江心。

從古至今，有不少像莫稽這樣的例子。姑娘在男人一無所有的時候陪在他身邊，耗盡自己的全部身家，只為了培養這支「潛力股」變成「績優股」。男人卻在自己衣錦還鄉的時候，把糟糠之妻像垃圾一樣丟掉，娶了官宦人家的千金。

你很憤怒：我一手打造的「潛力股」升值了，居然拋棄「持股人」。為什麼呢？是男生渣嗎？也許不是這樣，而是在他一直往前走的時候，你忘了提升自己。

眼界決定一切。那麼當你和他已不在同一個等級，當他被你送往更高的地方，視野更遠，他已見慣了繁花似錦，你的粗布麻衣還怎麼能入他眼？

你說你想找「潛力股」，你自傲長得美，當你真的找到了，你卻沒想過，容顏易貶值，你們心中的「潛力股」卻是增值的。以色事人者，色衰則愛馳。等你到了一無所有的那一天，你靠什麼來留住他？虛無縹緲的愛和責任嗎？

當你屢次用「潛力股」來形容一個男人，對方也會審視這段關係：你想留住我，憑什麼？你是有傾國傾城的臉，還是巾幗不讓鬚眉的能力？

更別提你整日把「委身下嫁」、「所以你以後絕對不能辜負我」掛在嘴邊，覺得他暫時的平凡，是虧欠了你。曾經的陪伴和付出再情深義重，也是你心甘情願的，這怎麼能拿來做對方一輩子的枷鎖？

找到「潛力股」，並不是吃下一顆定心丸。時間會沖淡一切，無論是傷害還是恩情。友情都需要維繫才能保持，更何況愛情和婚姻？

千萬別寄希望於他發達之後，還能一如既往地愛著停留在原地、絲毫沒有進步的你。

世界上沒有任何人能保證做到這一點。

他在進步，你卻變成了拖累。誰會愛一個思想上的侏儒？

真正的「潛力股」，應當是屠龍的勇士。他有一顆愛你的心，有為你奮鬥、讓你幸福的能力。而你也不是包袱，不是只會坐在大馬上尖叫、嬌滴滴的公主。你和他並肩戰鬥，而不是手無寸鐵地等他搭救。

很多親密關係為什麼會出問題？因為一個人馬不停蹄地往前走，另一個人卻一直站在原地。你只怪對方薄情，卻沒想過自己懶惰又貪圖安逸。

你放棄自己的同時，也放棄了他。

你該讓對方知道：我陪著你是愛著你，我會和你一起努力。雙方應勢均力敵，而不是把希望和沉重全部壓在他的肩膀上。

你該對他說：親愛的，我知道你很棒。不過，我也不差。

一段感情該在什麼時候分手

問你哦，你有沒有談過一段不開心的戀愛？

也許，你開始疑神疑鬼，覺得他身邊每個異性都和他有一腿。

也許，你總是翻他手機，看到蛛絲馬跡就會情緒失控，大吵大鬧。

也許，你總看他不順眼，分分鐘都在挑刺，好像他渾身都是缺點。

又或許，你在他面前偽裝得很好，不敢展示出真實的自己。因為你知道只要稍有放鬆，你就會失去他。

總之在這個人面前，你總會失控。自從你開始這段關係，你變得越來越不快樂。

棋子自從戀愛過了熱戀期，就很少有開心的時候。首先男朋友開始覺得她不夠好看，逼她去割了雙眼皮。然後每天天還沒亮棋子就得醒來，因為要在他起床前化好妝。她是平胸，男朋友就總嘲笑她「跟你在一起就像同性戀一樣」。

上個月，她更因為發現了男朋友手機裡的曖昧訊息大吵一架。

她從來沒有翻看過別人的手機。這次也不知道為什麼，看見男朋友的手機亮了，就鬼使神差打開看。於是他和別的女孩語氣親暱的聊天記錄，被她一覽無遺。她整顆心好像墜入冰窖。

棋子拿著手機去找他對質。他在浴室裡吹頭髮，不耐煩地說了一句：「鬧著玩的，你別發瘋了。」

棋子顫巍巍地用手指滑開聊天記錄，翻到女孩子傳給他的自拍胸照，抖著聲音問：「這也是鬧著玩嗎？」

那天晚上，兩個人爭吵到半夜。後來他不耐煩地脫衣服上床躺下，撂下一句話，說不想繼續在一起就滾。棋子坐在旁邊，默默不語，抱著雙腿，眼淚大顆大顆往下落。

不知道多少次了，即使他這麼傷害自己，棋子也捨不得離開。因為他是她的初戀，她搞不清自己是捨不得這段冗長的感情，還是捨不得自己付出心血的青春。

太多人，在愛情裡面迷失自己，忘掉了初心。

有個讀者就問過我：喜歡了很多年的人，該不該放棄？

她花了五年的時間追逐一個遙遠的夢——一個把自己當備胎的男生。他談過很多次戀愛，卻不曾給她一次機會。他很明顯不喜歡她，卻一直吊著她。

她傳過去的訊息，隔了幾個小時才有一則回應。她為他不指名道姓在社群平台上發動態，他經常按讚但從不留言。她送的禮物他都會收下。她鼓起勇氣表白，他卻總岔開話題。

每次她灰心失望打算離開了，男生就會勾勾手指給她一點甜頭，她就又會燃起希望，像條狗一樣搖著尾巴跑過去。

看見他又交了女朋友，她的心如針扎一樣痛。那麼多次了，疼痛還是具體又真實，沒有減少一分。她說自己很清楚，自己喜歡的是一個自私的人，一個不可能的人。但是明知道這樣，她也著了魔一樣放不下。她絕望地說，這輩子可能都沒法好好談戀愛。

她問我：「鈴鐺，我該不該放棄？」

我想了一下，很認真地回答：其實這個世界上很多人在單戀，但是有些女生會因為對方變得充滿負能量，感覺被玩弄，每天充斥著嫉妒、傷痛、難過、不捨的情緒；有些女生卻為了追上這麼優秀的人，努力讓自己提升，生活過得更積極向上。

如果喜歡一個人，讓你變得很醜陋，那麼可能真到了該離開的時候。

莫文蔚曾經說過一句話：「我的初戀德國男友教會我德文，星仔教會我品紅酒，而馮德倫教會我談戀愛要開開心心。」

後來有人問我，該不該放棄一段感情的時候，我總會回答：這要看你在這段感情裡得到和明白了什麼。你是快樂的時間多，還是悲傷憤怒的時候更多？

有些女孩，曾經很乖巧、體貼、懂事。後來找了一個男朋友，卻變得充滿了負能量。

原本對另一半充滿信任的你，漸漸疑神疑鬼、歇斯底里。原本應該是讓自己最幸福的你，卻總是讓自己感受到生氣、傷心。你開始缺乏安全感，控制欲爆棚，變成了自己都陌生的模樣。

那麼我猜，這一定是一段壞掉的感情。

好的感情一定會有一種向上的力量。就像向日葵一樣，他就是你的太陽，讓你努力朝著對方生長。

我一直相信，談戀愛是有氣場的。對方的氣場，也會影響你的氣場。

如果他愛你，你一定會覺得溫暖。一個被愛的女孩子，整個人都是發著光的。雖然也會有爭吵和摩擦，但是你們都很清楚彼此在對方心中的分量。最重要的是，好的愛情會讓你變得更好，壞掉的愛情會讓你變得更糟糕。

曾經我在感情裡也患得患失，毫無安全感，也是一次又一次的盲目懷疑被推翻，我才對他建立起信任。曾經我也是個懶惰又笨拙的女孩子，因為他從不求回報地付出，我學會了怎麼用行動去愛一個人。

如果你在這段戀愛裡，總是埋怨多過誇讚，發現他的缺點大於優點；無法做自己，只有偽裝自己才能留住這段感情；經常小心翼翼，患得患失，丟掉了自我；感覺自己一直在付出、包容和遷就，很少感覺到對方的關愛；總是覺得不幸福，自己不知不覺變成了一個陌生的怨婦、悍婦。

那麼就是該分手的時候了。

眞正適合你的人，從來不會讓你變得充滿負能量又不快樂。

他會讓你對未來充滿期許，無法自控地為他付出，付出時也會發自內心感到幸福。想到以後的日子，你就會渾身能量滿滿。你們互相信任、支持，都變得比以前更好。你願意為他忍受以後漫長日子裡的一切瑣碎，抵擋未知生活中的所有困難。

這種力量，可能就叫「愛」吧。

有些人二十歲就死了，等到八十歲才埋葬

二十五歲生日那天晚上，我做了一個很詭異的夢。

我夢見自己浮在一條小溪中動彈不得。天是灰色的，雲是黑色的，世界是黑白的。旁邊的岸上，站著一個拄著拐杖的老婆婆，怒目圓睜地盯著我。

我想掙扎，但是四肢僵直，完全不聽使喚。然後我感覺身體在不可控制地下沉。水悄悄漫過我的嘴巴、鼻子。我想喊，喉嚨裡卻只能發出咕嚕咕嚕的聲音，鼻子在水裡冒泡。

我嗆水了。

透過水面，我依稀看到那個老婆婆冷冷地俯視我，然後用沙啞的聲音從口裡滾出一句：「你已經死啦！你死在今天！」

我瞬間驚醒，躺在黑暗裡大喘氣，感覺背後

大汗淋漓。腦子裡模模糊糊地回蕩著那句話：你已經死了。

什麼意思？

你覺得自己能活多久？

跟別人聊天，對方玩笑似的提起這個話題。

我突然想起那個詭異的夢，於是不假思索地說：「我死於二十五歲。」

別人先是愣了一下，接著笑了：「這麼年輕就香消玉殞了，那你現在是詐屍？」

是啊。我吐出舌頭學僵屍原地跳了幾下，她看得樂不可支。我卻突然覺得沒意思，停下，然後沉默了。

為什麼是死在二十五歲，不是十八歲或者三十歲？

我想了很久，想得頭都痛了。

可能因為二十五歲以後，不少人似乎真的都變成了行屍走肉吧。

活著就好像是死了，只是在機械地重複前一天的動作。這是不是現實社會中的《西部世界》呢？

大學畢業那年你二十二歲，使出渾身解數找了一份不錯的穩定工作。剛開始，你摩拳擦掌、豪情滿腔，誓要在事業上有一番作為。你對工作充滿了激情，每天加班到深夜。父母都叮囑你別太拚，你置若罔聞。

今年你二十五歲，卻漸漸發現，有激情沒用，再努力，薪水也就那麼多。而且因為大家都覺得你「太愛出風頭」，顯得他們工作太散漫，你在同事中樹了不少敵。

既然做不做都是這麼多薪水，多做多錯、少做少錯，我又何必努力呢？你這麼安慰自己，於是心安理得地跟同事一起嗑瓜子、看報紙。

從拚搏到麻木，你只用了三年。

你的初戀在十九歲。這一段感情轟轟烈烈，你幾乎被燃燒殆盡。你拚盡全力去愛他、對他好，即使他怠慢你，你也如飛蛾撲火。朋友勸誡，你不以為意。父母反對，你置若罔聞。直到一腔真心錯付了狗，從此以後你的心裡一片荒蕪。

二十五歲，你已經學會了不向人敞開內心。你渾渾噩噩、麻麻木木，再寂寞也不想談戀愛，因為兩個人會辜負。你感知愛的能力幾乎少到沒有，得了無愛症候群。你第一次，感受到自己的保守和懦弱。

從沸騰到冷淡，你只用了六年。

十五歲到二十四歲，你房間裡擺滿了書。你如饑似渴地攫取，從書裡找到慰藉，擁有對抗世界的力量。你學插花、繪畫、廚藝，努力讓生活變得精緻。你堅持健身和素食，覺得肉體是靈魂的聖殿，應當小心侍奉。你時刻保持優雅和格調。

二十五歲以後，你家甚至沒有一個書架，網路笑話和短影音讓你樂不可支。每天晚上上床後看美女直播是你的固定行程。你再也沒有學習新技能的興趣，口味重油重辣，每日大魚大肉。健身房會員已經過期，你肚腩突出，油光滿面，已經越來越像個面目模糊、臃腫不堪的中年人。

從鮮活到死寂，你只用了十年。

二十五歲以後，你還活著，但你已經死了。因為一路走來，你放棄了一切。生活的忙碌、私人時間的壓縮、學習技能的退化，無一不讓你改頭換面，從一個充滿激情夢想的年輕人，正慢慢變成一個腦子裡只剩生存、疲憊不堪的中年人。

你丟掉了努力奮鬥的激情，變得麻木、庸碌。你丟掉了受傷後還能追逐愛情的勇氣，變得懦弱、退縮。你放棄了自己的身材，變成大腹便便的中年人。你輕而易舉就放棄一段感情，覺得維持和挽回很辛苦。

你的書積滿了灰，不再閱讀。你也不再學習新的技能，不研究新的菜色。你懶惰、抱怨、推託，真正變得像個步入中年的人——無比庸俗。

更可怕的是，你的生活，彷彿就是在日復一日地重複，沒有盼頭，沒有希望。你機械地往前走著，卻永遠走不出這一尺距離。就像一頭拉磨的驢。

你再也不做努力就接受了所有平庸和不公，覺得生活本該如此。

但哪裡有本該如此的事情？奮力一把，說不定能跳出牢籠，詐個光芒四射的屍。

如果能給你無限循環的一天，你會做什麼呢？是驚喜生命的無限延長，還是懊惱自己永遠不能到達明天？又或許，在這一天裡你能看懂一生，知道自己真正想要的是什麼。

餘生你不指教了，我也會過得好

在故事的最開始，我們以為對方是自己人生裡最不能錯失的那個唯一，但到最後才頹喪地發現，你不是非我不娶，我不是非你不嫁，只是個太傷人的誤會而已。

——《失戀33天》

「喂。你知道，忘不了是什麼感覺嗎？」

去年情人節的一個酒局裡，我剛認識的一個女生喝醉了。她紅著眼睛，披頭散髮地問我。

我莫名其妙，問：「你怎麼了，沒事吧？」

她沒看我，也沒回答，只是看著腳下，任由頭髮散落。我隱約看到她的眼淚在大顆大顆地往下掉。

「我看你也不懂。你怎麼會懂？他走了一年，可我還是放不下他。他交的女朋友，都不如我，可是他一直沒回頭找我。我到底哪裡比她們差?」她歇斯底里地喊，引得旁人側目。

「你們這些一直順風順水的人，是體會不了的。」她灌完酒，小聲嘟囔著。

看著她這樣子，我有點走神。誰說體會不了?失戀啊，我知道的。

失戀就是，你原本以為一輩子都不會離開你的人，沒了。而且，不是暫時離開，是永遠不會再出現在你面前。

曾經你未來的計畫裡都是他。你們一起規劃過以後的藍圖，幾年後結婚，生幾個孩子;住一所大大的房子，陽光會刺透落地窗戶;在蓬鬆的被子裡接吻擁抱，頭抵著頭，腳挨著腳;白髮蒼蒼，兒孫滿堂，了此一生。

到分手的那一刻，這些夢想全部化為烏有。

從此以後，他結婚、生子、攜一人終老，都跟你毫無關係。他吃得飽不飽，穿得暖不暖，睡得怎麼樣，以後你都沒資格再問。那個爛熟於心的電話號碼，你不能再打。為了不讓自己犯賤，你切斷了自己和他的所有聯繫。

關於他的一切，所有承載著回憶的物品，你都不能再看，一看就會崩潰。

我要對他說我知道我做錯了什麼，你可不可以原諒我？

等等我，前路太險惡。

世上這麼多人，只有你是給我最多安全感的伴侶，請不要就這麼放棄我。

我不再要那一擊即碎的自尊，我的自信全部是空穴來風，我要讓你看到我現在有多卑微，你能不能原諒我？

求你原諒我。

——《失戀33天》

或許一開始，你是心懷著僥倖的。你覺得，這次分手跟以前每一次都一樣，是個過分的玩笑，第二天就會復合。所以你兜售著廉價的自尊，吐出強硬的話。你說以後別聯繫了，我們徹底分了。你用最尖刻的話傷害他，期盼他卑躬屈膝地求和。

但是他沒有。而是說了「好」。

第一天、第二天，每一分每一秒，你都盯著手機，害怕錯過他的消息。但是一直安安靜靜。直到這周結束，他就像人間蒸發一樣。

然後你開始慌張，想到他會不會死心了，真的放手了，正被別的女生勾進懷裡。你瘋狂地打他的電話，你轟炸似的不斷傳訊息給他，直到被封鎖。

那一刻，你才真的接受自己分手的事實。

你不敢聽情歌。不管旋律是甜蜜還是傷感，你都會忍不住哭到暈厥。

你不敢睡覺。會夢到和他仍然在一起，醒來才會發現現實有多殘酷無情。

你開始絕食，因為毫無胃口。或者暴飲暴食，想用食物填滿空虛的心。

你不見朋友，沒有社交。

你不想去工作，每天如同行屍走肉。

你必須讓自己忙起來。因為閑下來，就會想，就會哭。

你變得形銷骨立，或者面目可憎。看到鏡子裡憔悴的自己，你才發覺這段時間最接近地獄。你謝絕了所有朋友的安慰，苦苦死撐。因為你知道，對分手後陷入痛苦的人說「你別難過，快點走出來」，跟對身患絕症時日無多的人說「你會好的」一樣蒼白無力。

這樣的你，甚至疑心自己再也不能活過來了。

如果分一次手要一個月才能不再陣痛，不再時時都想求他回頭，想到他的名字時不再心慌手顫，那我已經成功地走過了三分之一的路段。

——《失戀33天》

真相是，其實你死不了的，就算你曾經感覺自己那麼接近末日。你會活過來，就像曾經你以為自己會死掉一樣篤定。因為時間，是治癒一切的良藥。

我不是瞎說，我也分過手。

那段時間，我整天渾渾噩噩，除了哭就是哭，躺在床上腦子一片空白，像個植物人。眼淚已經哭乾了，偶爾想起在一起的片段就乾嚎幾聲。

直到完全死了心，徹底隔絕對方的消息，才漸漸緩過來。一個月以後，我終於可以正常地吃飯睡覺，也能控制自己不在喝醉酒的深夜騷擾對方。我以為，自己已經痊癒了。但是路過一起去過的餐廳，吃到他最喜歡的食物，眼淚還是會唰的一下就湧出來。

直到後來，再聽見他的事情，已經可以波瀾不驚。

可是你知道分手的意義在於哪裡嗎？我曾經以為，分手是上天給我感情路上設置的一個坎、一個包裝得華麗的捕獸陷阱，掉下去才知道有多疼。

後來才知道，分手是為了讓自己學會更加珍惜眼前的人。

我知道的，你們都曾經消沉絕望過，一度以為自己再不會喜歡別人，也找不到比前任更好的人，甚至會懷疑人生，覺得自己活得失敗，配不上被人愛。

可不是這樣的呀。

因為分手是試煉，是這個世界的常態。

為什麼要痛苦呢？讓你最終能找到幸福的，不是受傷後對未知的害怕，也不是不再相信愛情的偏執，而是一顆敢愛的心。即使你已經遍體鱗傷，即使你在感情裡付出沒有得到回報，但是一定要相信：那個人，他一直在未來等著你，等你跟他一起，走向更好的人生。

再摸我男友的臉，信不信我炸了你

前兩天聽到一個奇葩故事，來自我一個讀者的親身經歷。

她老公的一個女性朋友約他單獨吃飯。她覺得不合適，就吵著要跟著去。

結果在飯桌上，那個女性朋友一直當著她的面，故意開玩笑似的三番五次摸她老公的臉！

她說自己當時感覺都快腦溢血了，還好老公用手擋了一下。摸完以後，那個女性朋友又跟沒事一樣，繼續吃菜，過會兒還笑嘻嘻地問她：「你怎麼臉色不好啊，不會是生氣了吧？別這麼小心眼啊，我們是好幾年的朋友啦，認識時間比你還長。」

這示威——讀者說，自己被堵得半天說不出話。

「說真的，鈴鐺，這不是第一次了。之前她

經常藉口喝多了，當著一堆朋友的面靠他肩膀上，有時候還把手放他腿上。

「有幾次我和老公在外面逛街，她打電話過來，指使他幫忙搬家、開車送她去機場……我每次都假裝大方，擺擺手說沒事你去吧，其實心裡在噴血。我老公憑什麼被你呼來喝去的？

「那天回家以後，我就跟我老公吵架了。因為我很強硬地表示：以後不能跟這個女人聯繫！我不高興！我老公說我小氣，有病。鈴鐺，你說我到底該怎麼辦？我是不是真的有病？」

我想了一下回答：你老公說得沒錯啊。

你確實不夠大氣。人家摸你老公的臉，你只是心裡默默難受，難道不應該直接坐下來，心平氣和地砍她兩刀嗎？

你也是真的有病，居然只是自己生悶氣，沒有站起來把她打成篩子。

換成我，早就把她的手給剁了。左手摸的剁左手，右手摸的剁右手，除非她是千手觀音，不然不信她不長記性。

你當面不翻臉，都過去好幾天了，突然問我怎麼辦，現在再讓你磨好刀去砍她，能名正言順嗎？你說你還有什麼用，可不就是個廢物嗎？

我發現，好像大部分直男都挺蠢的。

艾薇兒就說得好：男人都是瞎子（或者假裝是瞎子），只有女人才能看出來誰是真的婊子。

比如有一種女人，她可能是整天髒話說不停，卻又是會撒嬌還會化妝的「好哥們」。平時總粗枝大葉的，跟男人喝酒吃肉勾肩搭背。

你仔細觀察會發現，她雖然自稱女漢子，可是一出門一定都盛裝打扮；她基本上也沒有女性朋友，只跟男生一起廝混；明明不愛看球賽，非要跟一群有女朋友的男生一起熬通宵看世界盃。

一起吃飯的時候，她還會很自然地拿過你男朋友的飲料：「你這個好喝嗎？給我喝一口。」

她會在你自拍P圖的時候，嘆口氣說：「哎呀我太MAN了，都不會P圖。」那你頭像上的地磚怎麼歪了？

明明一臉裸妝，還笑瞇瞇地問你：「你跟我們出來還化妝啊？不像我，都懶得化，也不會弄。」

重點是，她還會晚上跟男性朋友一起去酒吧，開房通宵打牌；或者跟男生勾肩搭背尤其親密，當著人家女朋友的面宣示主權⋯⋯

我說大姐，你是家教不太好吧，還是當慣了男人真忘記自己是女的了？我國中的時候都知道，別人的男朋友不要隨便碰，碰壞了要賠的。再是好哥們也不能忘了男女有別，這點常識都不懂？

女漢子真的不是你這樣。女漢子是即使一起玩，也會照顧哥們對象的感受；是會一起瘋一起鬧，但絕不會出去打個球還精心化妝；是關係再親近，也時刻謹記著自己還是個女的。

我真是謝謝你了。你這種叫偽裝直率的心機女，總有一天會被人打的。

還有一種女人，是看起來柔柔弱弱，還經常動不動就不勝酒力，喜歡往人家的男人懷裡倒的「解語花」。

她總是很善解人意，當然，只在你男朋友面前。

她們的經典臺詞如下：

「你對女朋友真好，我要是有你這樣的男朋友就好啦。」

「你女朋友怎麼這樣無理取鬧，真的配不上你。」

「聖誕節還要送禮物啊？我就從不向男生要禮物的。」

「你跟女生聊聊天怎麼了，誰沒有一兩個異性朋友啊？她真小氣。」

「今天開始，你就是我的乾哥哥（弟弟）啦！」

她們會在你們倆吵架以後，對你男朋友挑撥離間，說一些讓他更上火的話，凸顯自己有多體貼多懂事；會在你和男朋友約會的時候，突然插一腳，說自己有什麼事需要他幫忙，支使你男朋友去當苦力；還會以朋友的名義，經常摸摸他的小手呀，攀攀他的小肩呀，或者半夜睡不著覺，找別人的對象搞曖昧。

要是你翻臉了，她就會小嘴一噘，用力剁腳，向你男朋友示弱：「人家只是把你當朋友嘛，你女朋友怎麼這麼小氣啊？」

我說大哥，你要真這麼完美，怎麼還沒人要呢？要是有交往對象了，怎麼還沒被對象打死？他不知道自己頭頂上的青青草原能養羊嗎？不知道你這麼婊裡婊氣的，天天勾搭別人家的狗嗎？

你跟別人的男朋友玩曖昧的時候，一定很爽吧。肯定從沒想過，對方的女朋友知道了，心裡會有多難過吧。

說真的，我通常不喜歡罵女生婊。因為在我看來，這是髒話，是一種對女性的侮辱。但是那種作風不端的、挑撥離間的、看不得別人好的，我覺得都不算女人，甚至……都不算人。所以罵罵無所謂。

以前彥祖被別的女人摸了，我吃醋吃得昏天黑地，差點直接出手。

我說：「你注意點，別碰我男人。」

對方回嗆：「你男朋友又不帥，你這麼緊張幹嘛？」

因為在我眼裡他最帥啊，我的男神，憑什麼被你摸來摸去的？

還有人打圓場：「你別太在意，這樣顯得你蠻沒自信的。」

我去你的，你最有自信。你有自信到頭頂冒綠光行不行？知道人家有女朋友了，就別親密接觸了，顯得你特別婊還不穩重。要是真把你「哥們」當好朋友，就試著跟人家對象處好關係，而不是在人家面前爭風吃醋地秀感情有多深，把人家女朋友當空氣。

為什麼罵你婊？真因為嫉妒你長得好看人緣好嗎？是因為你老是勾引別人的男朋友，還吊著一堆好男生當備胎！

同性最瞭解同性是個什麼東西。

真正可愛善良、漂亮溫柔的女孩子，人緣怎麼可能不好？誰不喜歡這樣的？如果簡簡單單的就是「哥們」關係，誰會有這麼重的敵意？又不是瘋狗見人就咬。**讓人討厭的，永遠是那些打著「朋友」的名號和人家男朋友搞曖昧的心機女。**

女人一眼就能看出誰婊，男人卻覺得人家單純可愛好不做作。這就好像男人一眼就能看出渣男，女人卻覺得特別善解人意一樣。

勸女孩們好好做人，別婊裡婊氣了。「好哥們」找了女朋友，你就別跟人家太過親密，省得朋友家庭因你不幸。偶爾聚會，記得讓對方帶家屬，多誇誇別人女朋友。要是你跟他女朋友能搞好關係，誰還會沒事對你有敵意？

再好再優秀的男生，有女朋友了，也應該在你面前屁都不是。要是你勾搭人家，他還反過來勾搭你，這人品就連垃圾都不如。

你勾搭成功了，不是因為你魅力強，而是說明人家人品不好，吃個速食而已，什麼樣的都不挑；勾搭失敗了，說明人家感情好，固若金湯，只剩你自討沒趣。

對於男生來說，就不要疑惑什麼婊不婊的了，就記住一句話：「女朋友說誰婊誰就婊。別廢話。」

最好的年紀和你談遠距離戀愛，算我倒楣

她輕描淡寫地說：「是他先放棄我的，那我就只好走啦。」

小米和男朋友是高中同學，互相是對方的初戀。所有關於第一次相愛的青澀回憶，全是和對方一起製造的。

他們之間看起來感情很好，所有人都以為他們會走很久。到了考大學填報志願的時候，兩個人卻有了分歧。

「我想報的是南部的一所大學，他卻搶先報了北部的。其實我們分數差不多，所以他以為我一定會跟著他走。但他想錯了，也並沒有為我想過。他沒有堅持要和我報同一所大學，在我看來就是主動放棄了我們之間的感情。我真的，很不喜歡遠距離戀愛。」

在她看來，感情就這麼簡單：對於你來說，

如果在我和前途之間，你只考慮了自己的未來，那或許就代表著你已經放棄我了。那麼對於我來說，愛情和自尊相比，我的自尊也更重要。

所以我也不問你理由了，我們就此別過吧。

可是如果分開或者抉擇都這麼輕鬆，那麼世界上也就不會存在那麼多遠距離戀愛的情侶了。

和小米不同，更多人選擇的是為了彼此的未來而暫時分離。中間又有這麼一部分人，因為實在難以忍受分隔兩地的寂寞，最終放棄了這段感情。

有個男性讀者就曾經困惑地問我，為什麼遠距離戀愛的女友會對自己提出分手。「遠距離戀愛也是戀啊，暫時的遠距離也是為了以後的穩定。她為什麼就想不通，非要分手呢？」

在他傳給我的聊天記錄裡，他的女朋友歇斯底里地說：「我要的是愛情，但我們戀愛這麼久，真正在一起的時間有幾天？這真的是談戀愛嗎？我對你的感情已經變得像親情，少了非要在一起的執著。愛情就是陪伴啊！曾經那段時間就算吵就算鬧，至少也有人陪在我身邊，起碼不會像自己在和手機戀愛。遠距離戀愛真的太苦了，我不想再堅持了！」

真的，我能體會她說這些話的時候有多心酸。男朋友不在身邊的女生，對這段話可能都會有感觸吧。

好好的戀愛搞得跟網戀一樣，我到底圖什麼？

總有人問我，為什麼遠距離戀愛走不到最後，是因為感情不夠深？你總覺得對方先放手是一種背叛，但你有沒有想過，沒有對未來百分百確認，你憑什麼讓人家等？憑著那點可憐巴巴的回憶，就要人家一撐好幾年嗎？

特別是男生，總會粗心地忽略女朋友在感情裡缺乏安全感，也體會不到沒有陪伴的孤獨和寂寞。女人是多麼害怕孤單的生物，能開始一段遠距離戀愛，已經需要莫大的勇氣了。

靠著幻想和你未知的未來，拒絕身邊所有能抓牢的現在。

出發點都是因為愛。

遠距離戀愛到底難在哪裡？

有句話形容得很精準：有個遠距離的戀愛對象，就好像養了個電子寵物。

誰缺人每天叫自己起床，其實鬧鐘就可以代替；每晚電話熱線，能感受到的只有手機的溫度；為他拒絕了一切示好的異性，卻在聊天時絕口不提；生病難過的時候抱抱自己，幻想是被對方擁在懷裡。

傳訊息就好像餵電子寵物吃飯，每視訊通話二十次就能升一級。等到滿級了，就能兌換一張見面卡。見面卡往往是去對方城市的高鐵票，或者是昂貴的登機證。

糟糕的是，短暫的相見後思念更加蝕骨。那種焦灼就好像是吸毒成癮，讓你坐立不安。距離也變得實在難以忍耐。

最慘的是難以建立安全感。

有個段子說，你不接電話的時候，我就覺得你在跟別人做愛。雖然沒這麼誇張，但是也可以想像到斷聯對遠距離戀愛情侶來說，到底有多可怕。

遠距離戀愛人不接電話不回訊息，就等同世界末日。

半個小時不接電話，他應該是洗澡去了。一個小時不接電話，他應該是打球去了。三個小時不接電話，腦海裡已經自動播放小劇場：是不是有別人在追他，是不是有人在示好？他現在是不是在接受表白，或者在和陌生異性喝咖啡？

天哪，心都燒成一把灰。

身為女孩子，我也很能體會。要求戀人秒回，要求時刻保持聯繫，想每晚都能電話熱線一小時，這在女孩子心裡已經是遠距離戀愛的最低配備。

想要禮物，想要在乎，想要比在一起時更高的感情濃度，因為你不在我身邊。

讓人心疼的是，有時男生並不會理解，他只會覺得你在無理取鬧。

你怎麼又開始鬧了？就不能停一下嗎？我每天那麼忙，你是不是太閒了？

他們永遠不明白，女孩子無理取鬧就是在求安全感，因為遠距離戀愛最缺乏的就是安全感。我需要你寬宥我的小任性。這能讓我在無法觸摸到你的距離裡，感受到你的愛和溫暖。不然，我怎麼有信心撐下去呢？

曾經聽過一個女生打電話給男友時開玩笑：「最好的年紀和你搞遠距離戀愛，算我倒楣。」

其實不管男女，遠距離戀愛都確實挺倒楣的。明明可以每天跟一個人膩在一起，開心的時刻有人分享，生病的時候有人照顧，平日裡有人呵護，難過的時候有人陪伴。偏偏為了對方的學業或者前程，活生生把自己變成了一尊面對別人示好無動於衷的雕塑。

青春多短啊，「遠距離戀愛」這五個字，代表的不只是分隔兩地而已。它代表的是一種堅定感情會有未來的信念，一種為了彼此擋掉狂蜂浪蝶的忠誠。

每對遠距離戀愛情侶，真的都很不容易。如果對方願意為了你等待和忍受彷彿看不到盡頭的寂寞，那恭喜！

能和你遠距離戀愛的人，真的很愛很愛你。

請你不要恃寵而驕，世界上沒有任何事情是應該的。遠距離的感情少了那麼多陪伴，就必定需要更多的呵護和澆灌。多給女生一點安全感，多給男生一點信任和理解。

假若你不是全心全意在呵護這段感情，也千萬不要責怪對方先放開手，這並不是一種背叛。因為對許多人來說，最好的愛情真的就是陪伴。你說暫時的分離或者委屈都是為了將來，可你到底做了些什麼能讓他相信，等待能換來你們倆的將來？

每一段無疾而終的遠距離戀愛，必定都是這樣死掉的：一個不問，一個不說。一個不停，一個不追。

最後，我們都聽不到彼此，也看不見彼此了。

我想起新海誠的動畫《秒速五公分》裡，青梅竹馬的明里和貴樹約定要永遠在一起，卻因為明里的轉學被分隔兩地。東京和栃木之間的距離是那麼遙遠，遠到轉學半年後，明里才寄來了第一封信。

「哪，貴樹。你，還記得我嗎？我依舊喜歡著你。

「我們即使傳了一千次的訊息……但心與心之間，大概只能接近一公分。

「秒速五公分，那是櫻花飄落的速度。那麼怎樣的速度，才能走完我與你之間的距離？」

可以的，只要你願意真心好好呵護這段感情。

世界上的事情不可謂之難，只要決心夠大，任何事情都不難。那一刻，我們之間就算天高地遠，也不會有絲毫距離。

Part 4

做自己是人生終極目標

擁抱敏感的自己

你一定聽人說過這樣的話：不喜歡和敏感的人做朋友，會很累。

為什麼？在很多人看來，和敏感的人相處會耗費自己更多精力。要注意他的感受，保護好那顆玻璃心……

其實大部分人都不知道的事實是：敏感的人自己更累。因為實際上更照顧別人情緒的，是敏感的那些人。

糊糊就說過，下輩子不想再做個敏感的人。

她總是想得很多，也很容易感受到別人隱藏的情緒——這種能力用在合適的地方，會被稱讚體貼細心；用在不適合的時機，就成了敏感玻璃心。

打個比方，三個朋友一起在路上走。她突然鞋帶鬆了就蹲下來繫鞋帶，一抬頭發現另外兩個朋友已經走了老遠。普通人會罵一句然後追上去繼續嘻嘻哈哈，而她只是默默在後面跟著，就好像忽然失去了插話的勇氣，覺得自己很多餘。

大家一起聚會吃飯的時候，她正大快朵頤，旁邊的人突然湊過去跟隔壁桌的講悄悄話，偶爾瞟她一眼。普通人會不以為意，繼續吃自己的聊自己的，她卻會心跳猛地漏掉一拍，頓時沒了食欲，人也突然從滔滔不絕變得拘束：是不是我哪裡做得不好，被人討厭了？

朋友很久沒聯繫，正常人會很自然地打個電話或者傳個訊息問候，距離感瞬間一掃而空。她卻會死命地想：是不是她有了新朋友了？是不是我在她心裡沒那麼重要？是不是她開始討厭我了？拿起電話撥了一半的號又放下，打開對話框又刪掉，關係就這樣在猶豫不決中漸行漸遠。

其實她們很在乎別人啊，卻又裝作毫不在乎的樣子。因為她們怕受傷，怕驕傲被打碎，怕自己的脆弱被人看穿。

每一句「隨便你」裡面，都藏著一句「你別走，好不好」。

在敏感的群體中，糊糊只是不起眼的一個代表。

大多數人提到敏感，都會有下面這些印象：

他往往很難相處。

他經常需要人體諒包容。

他怎麼又生氣了？

他怎麼又哭了？

他怎麼看起來又不高興了？

為什麼會有這樣的表現？可能是因為這類人情緒感官太過敏銳，所以在別人眼中會顯得不夠「隨和」。

敏感的人通常比較少朋友。因為在與人相處的過程中，他們總是太過注意對方的表現和感受，習慣委屈自己迎合他人，壓抑自我需求。

敏感的人容易陷入自責。和別人發生衝突不快，很少追究對方的原因，往往先反省自己存在什麼問題。

敏感的人很少主動聯繫別人，因為害怕被拒絕。收到別人的邀約時會非常熱情，因為知道自己沒有被討厭。

敏感的人臉皮很薄，也不願意給人添麻煩，他們總能從對方細微的表情和肢體語言裡，精準地解讀到不耐煩、討厭、不悅等情緒。

當感覺到自己被冷落的時候，那種被忽略和不受重視的感覺，就好像海嘯一般撲面而來。因為害怕被拋棄，他們會先選擇離開。他們的思考方式奇怪吧，我卻很能理解。他們總會把事情想得悲觀。被人疏遠會乾脆放棄這段關係，避免將來有被傷害的可能。

性格敏感的人，往往更容易因為常人根本不在意的一些事情而覺得痛苦。他們凡事喜歡看人臉色，總把簡單的事情複雜化，容易被情緒操控……這樣活得太累，顯而易見。

可優點也是有的——雖然朋友不多，但留下來的為數不多的幾個朋友，都能體諒他們內心脆弱，寬容他們偶爾想太多，因此他們反而會格外被珍惜。

敏感帶來的也不都是悲觀負面的情緒，也能讓人更容易被細微的地方觸動，比常人更易體會到幸福；能更快地體會到別人言語中的真正意圖，雖然也會更容易感受到別人浮在表面的熱情下面真實的冷漠。

他們都很懂得保護自己。

那麼該如何盡量減少敏感對自己的負面影響？

我的答案，就是想辦法保留敏感的優點，而在不該敏感的時候，提高自己的鈍感力。

我也曾經是個敏感的人，受了許多這種性格的苦，現在變得沒那麼容易被觸怒，很少因為其他人而傷感悲觀。我的方法很拙劣，不一定有效，但也許能給你一點借鑒。

首先，**你可能需要強大的心理暗示：我很好，很優秀。平時待人接物多培養自信。**敏感往往來源於自卑。在童年時受到過多苛責，習慣了察言觀色，某種程度上也會降低自我評價。

在因為害怕別人看法而選擇退縮和逃避時，鼓勵自己勇敢去做，勇敢去交往。在遇到紛爭時提醒自己，即使被人討厭也不一定是我的問題。每個人都不會十全十美，哪怕是我的錯誤，對方有意見沒有找我溝通而引起誤解，導致最後我沒有及時改進，這是他的問題。

其次，記住一句話：**不顧別人感受是自私，太顧別人感受是自虐，沉迷自己感受是自戀。**

想要委屈壓抑自我去迎合別人的時候，記住了這是你的生活！你不要被別人的情緒和表現左右！想要沉溺自憐自艾，放縱自我、悲觀的時候，記住這是重度自戀！沒人像你想的那樣注意你，你也永遠做不到被所有人喜歡，別那麼焦慮。

再次，也許你會輕而易舉地感受到別人傳達的惡意和冷漠，那麼**在情緒波動之前，不如試試做別的事情？**

比如吃點喜歡的東西，聽幾首舒緩的音樂，看一部溫馨的電影——當然這些項目應該是讓你覺得愉悅、享受的。放空自己、冷靜下來後再想想：我是不是曲解了別人的意思？他們的看法有我想的那麼重要嗎？也許對方只是心情不好。忽略這件事，我能不能繼續輕鬆地和他們交往？

當你學會思考出這些問題的答案時，對方無論什麼態度都無法輕易影響你的生活。

最後一點，**如果你不能控制敏感帶來的負面影響，也沒什麼大不了的。**

這就像敏銳的味覺一樣，辣味能讓你感受到多痛苦，鮮味就能讓你感受到多幸福。心情起落，都是上帝的恩賜。

如果身邊有敏感的朋友，記得對他們多些體諒。嘗試先主動，也許能得到更多回饋和驚喜。藏在敏感背後的，往往是慢熱和忠誠。如果你有這樣的朋友，應該要珍惜。

孤獨的人，不可恥

學生時代的某兩年裡，我一度沒什麼朋友。這種情況讓我極度恐慌。

一堆女孩聚在一起討論一個問題，我都會興致勃勃地湊上去：你們在說什麼呀？有幾次話題都尷尬地戛然而止，我也渾然不覺。

同學呼朋結伴一起玩，我舉手報名「我也去我也去」。重複了兩三次都沒人接我的話，大家都好像沒聽見似的，我像個透明人，傻傻地站在那裡。

但就算屢次碰釘子，下次我也還是會用熱臉貼別人的冷屁股——十次裡能有兩到三次憐憫的回應，也好過下課時我一個人站在走廊裡，孤獨得像個傻瓜。

那感覺就像佇立在空無一人的荒野，孤立無援。

為了讓大家能喜歡我，我心甘情願扮演一個活寶的角色。只要能逗人笑，我願意獻上最用心卻拙劣的喜劇表演。我搜腸刮肚說笑話給別人聽，不惜自毀形象模仿丑角。所有人都被我逗得前仰後合，我也從笑聲裡得到滿足，彷彿自己已經被大家喜歡了似的。

但我忽略了一件事：

孩子都喜歡小丑，不過是喜歡小丑能給自己帶來歡笑，而不是真的喜歡這個人。

國中時期，班上曾經有個長得蠻好看的女生，被全班女生孤立。

至今我都不太清楚她被孤立的原因是什麼。也許是性格太孤傲，又或者是單純被人看不順眼，又可能是真的為人太討厭。總之她走到哪裡，都是孑然一身。

當時有幾次她主動找我說話，但我總是躲著她——當時我自己也境遇不佳。我害怕因為和她走得太近，導致我也被大家孤立。

我想許多人都有這樣的經歷吧：因為從眾心理，莫名其妙就成了排擠別人的幫兇。就算不去加把火，也不敢站在大多數人的對立面。

年少時的恐慌總來得兇猛，情緒也容易被放大。

但讓我不解的是，面對四面楚歌，她似乎從未受影響，燦爛的笑容也一如往常。我一度懷疑她是裝模作樣。世界上怎麼會有人真能忍受孤獨？

長期以來，她的朋友都寥寥無幾。記得國三那年的某節體育課，我剛好和她並排走回教室。眼看就要畢業了，這次我沒拒絕她的搭訕。

那天聊著聊著，我終於忍不住問她：「班上很多女同學不理你，你不在意嗎？」

她微笑了一下，沒正面回答。而是反問我：「因為總是一個人，你覺得我很可憐嗎？」

當時我沒懂，覺得她真是個怪人啊。

直到後來，我看了余華的小說《在細雨中呼喊》。裡面描述了這樣一個情節：

主角孫光林在中學時幾乎沒有朋友。

那時候的孫光林「異常害怕孤單，不願意課間休息時一個人獨自站在角落裡」。於是，他膽怯地走向眾星捧月的小流氓蘇杭，想成為他的朋友。而出乎意料的是，蘇杭也默認接納了他。

為了能融入蘇杭的圈子，他和蘇杭以及他的跟班們無法無天。他們調戲女同學，侮辱老人，抽菸，甚至看色情圖片。

當蘇杭當著全班同學的面，捉弄了孫光林最欽佩的音樂老師，把他的歌譜丟出窗外時，孫光林心裡湧上一股難言的悲涼。他和蘇杭決裂了。

書中這樣描述他的心理狀態：「事實上我和蘇杭的決裂，只是一個人的內心體驗。我在他眼中從來是可有可無的，當我不再走到操場中央，不再像別的同學那樣圍繞著他時，時刻意識到這一點的恰恰是我自己，蘇杭似乎根本沒有覺察整日簇擁著他的同學裡，已經少了一個我。

「他依然是那樣興高采烈，而我則隱入到獨自一人的孤單裡，但我驚訝地發現往昔我站在蘇杭身旁時，所體會到的心情竟和後來的孤單十分一致。於是我知道了自己只是為了故作鎮靜和虛張聲勢，才走到蘇杭身旁的。」

我恍然大悟。其實年少時害怕獨自一人的我，還有那些怕被排擠所以組團孤立別人的同學，都與一直想融入蘇杭圈子的孫光林無異。**我們太在意外人的眼光，太害怕自己不受歡迎。我們把獨處視為洪水猛獸，甚至不惜犧牲自我迎合別人，只想獲得一份哪怕是施捨來的友情。**

別人根本沒把你放在心裡。只有你一直惶惶不安，為了他偶爾的一次善意而欣喜若狂，卻沒想過，無效的友誼其實等於零。

我聽過一句話：低品質的社交，不如高品質的獨處。如果你的存在，對別人根本可有可無，這樣的相處看似能給你安全感，但其實除了浪費時間一無是處。

孫光林也是後來才知道這個道理。他在心裡對自己說：「我不再裝模作樣地擁有很多朋友，而是回到了孤單之中，以真正的我開始了獨自的生活。有時我也會因為寂寞而難以忍受空虛的折磨，但我寧願以這樣的方式來維護自己的自尊，也不願以恥辱為代價去換取那種表面的朋友。」

任何人都一樣。如果你和所謂的「朋友」互相沒有真正敞開心扉，根本不是同路人，那麼你就算身處鬧市，也不過是換個環境繼續孤獨罷了。

好朋友對我說，她曾經試圖用錢去換友誼。她每天買一堆零食分給同學，享受對方的恭維和笑臉，甚至情願自己餓肚子。她沉溺在受歡迎的假象中，直到發現自己沒錢以後身邊變得門可羅雀，她才知道，錢買不到友情，卑微更不行。

歌手張楚在一首歌裡說過，孤獨的人是可恥的。但我覺得，如果你的孤獨不是用來與所有人對抗，而是一種內心的充實和寧靜，你不需要任何人來彰顯自己的價值，也不需要透過融入別人來獲得快感，那麼這樣的孤獨，一點也不可恥，反而難能可貴。

孤獨從來不會毀掉一個人。把自己的頭奮力塞進一個不適合自己的圈子，佯裝自己不孤獨，這才會毀掉一個人。

你已經配不上他了

耶誕節那天我閒著沒事翻自己的社群專頁，突然看到一個女生的留言：「鈴鐺，我和男朋友吵架鬧分手。跑出來才發現自己沒地方可去，又不想回家。我在外面閒晃四十分鐘了，才知道晚上原來這麼冷。你能給我點建議嗎？」

我一看留言時間，是前晚凌晨四點。我趕緊回覆她，問她現在在哪裡。

她回得很快，說沒想到我真的會回。她又說，自己往北邊走了半個多小時，實在走不動了，就蹲在一家便利商店門口。從四點半到八點，她的腦子裡一片茫然，看這條街上的店陸續開門。

心跟身體一樣冷。

她說，男朋友根本不關心她的死活。從她跑出來到現在，一直沒有打電話給她。

她說，自己身上只有幾百塊錢，所以沒辦法

住旅館。肚子慢慢地感覺空落落的，但是悲傷的心情抑制住了饑餓。她翻遍了手機裡的通訊錄，都不知道可以去找誰哭訴。

她說：「我和男朋友在一起十年，我整個青春裡他幾乎都在。我一直毫無保留地愛他，為了他來到這座陌生的城市，為了他放棄了我原本的工作。他說我身邊都是狐朋狗友，我就跟他們斷了聯繫；他說我化妝打扮不像良家婦女，我就把自己變得樸素平凡。「我都是按照他的想法去改變的。可是現在他嫌我醜、黏人、太煩。愛他，是我最用心的事業。所以到現在，我沒有朋友，沒有錢，一無所有。

「我在外面這幾個小時，冷風好像把我吹清醒了。我覺得我可能不該這樣。」

我說是，你不該這樣。雖然這麼說很殘忍，可你就是活該。

戀愛那麼甜，確實會讓人沉迷其中，也會很容易讓你因為對方的挑剔和要求，而把自己弄得面目全非。但愛情從來不是生活的全部，為什麼很多人都不明白呢？當你把愛一個人變成你畢生的事業，那麼他一旦離開你了，你的世界就會徹底坍塌。

就好像我之前認識的一個姐姐一樣。

那個姐姐的丈夫，是她的初戀，名副其實的「潛力股」——她聊天的時候，說起這個，總是洋洋得意。因為抱著這樣的信念，她立志當一個有幫夫運的賢妻。她幾乎把全副身家都投注在他身上，讓他安心工作而有能力深造；為了讓他沒有後顧之憂，辭了工作專心在家帶孩子。她所有的精力，全部耗在丈夫身上。

她舞著小鞭子，連抽帶打，滿心期待，自得其樂。

都說女人要找一個把自己當女兒寵的丈夫，她卻在這段婚姻裡，把自己活成了丈夫的媽。皇天不負有心人，一年後，丈夫升職了。隨之而來的壞消息是，他也出軌了，而且，堅持要離婚。她癱坐在地上，頭髮散亂，哭得毫無形象。她痛心自己精心「栽培」的丈夫要飛向別人的床，丈夫卻沒有一絲愧疚，反而指責她逼得太緊，說自己對她的愛已經消磨光了。

「你看看你現在這副怨婦的樣子。」

她聽了這句話心裡忍不住一顫，馬上停止了抽噎，去洗手間照鏡子。

鏡子裡面是一個眼睛通紅、面色蠟黃、皮膚粗糙、胸部還下垂的中年婦女。而她的丈夫剛剛升職，春風得意，每天的襯衫被她熨得一塵不染，頭髮也抹得油光發亮。

她似乎能聽到小三嘲諷的聲音：看看你自己，哪一點還配得上現在的他？

你把他變得那麼好，可是你自己呢？有沒有想過將來有一天他走了，你就一無所有？你為他做嫁衣，終於把他送入別人懷裡。**而你沉迷於這種單向付出，從來沒有審視過：你在這段關係裡得到了什麼，又有哪些成長和進步。**這就是現在的你，只愛著對方，卻忽略了自己。在這樣一段感情中的你，是你一生中活得最醜的時候。

其實你有沒有發現一件事：大多數情侶最初能走到一起，大多是勢均力敵的。就算是外表再不配的對象也好，能夠成交，必定是在你看不見的地方達到了平衡。顏值不夠的，拿錢來湊；經濟不寬裕的，才華補上；實在沒優點，就要死命地對你好。

總之，能穩定下來的感情，總有其均衡點在。

後來分開的理由，也有許多都是因為不平衡。就好像在蹺蹺板的兩端，你升得越來越高，必定代表著我越來越低。這樣下去，不就沒法玩了？

我見過「你先走吧，別等我」的卑微，也見過「我走在前面，你跟不上我」的嫌棄，最可怕的還是「我送你到高處，你卻不願意俯視下面的我」。

可是人性之幽深可怕，你其實無法體會。我曾在網路上看過一個中年發跡的男子，提及為什麼要背叛一路走來扶植自己的糟糠之妻時，他是這麼說的：

「因為不管我以後多麼成功，在她面前我仍然是那個一文不名的魯蛇。她知道我的一切幾乎都是拜她所賜，我也很明白。我覺得我要是不走，這輩子都會被她壓一頭。我必須時時刻刻，都對她感恩戴德。

「所以為什麼不找一個比她年輕漂亮，還能打心眼崇拜我的小女生？你們覺得我是負心漢，我也認了。可是我只想過得好一點。」

以前選擇她是因為沒得選，現在？呵呵，我倆早不配了。

以前我會覺得：愛一個人就是對他好，無止境付出也不求回報。

現在我會告訴每個人：如果你愛他，記得先愛自己。因為一個為了愛情失去自我的人，是不值得被愛的。**每個人在感情裡的價值，都是他自己決定的。**

太多女生，喜歡把愛情當成生活的全部。一談戀愛，就沒有朋友、沒有家人、沒有事業，失去自我。這樣會過得很負能量——因為當你的注意力全部集中在另一個人身上，沒有得到同等的回饋，就會怨氣很重，甚至瀕臨崩潰。

為什麼有些人會因為失戀而輕生？大多是因為整個人都倚靠著對方而活。做任何事都是為了討好對方，分手了當然就是世界末日。可是如果你和他一起成長，並肩前行，那麼就算有一天他離開了你，你的生活也沒有太大影響。

百分之五十用來愛人，百分之五十用來愛自己、家人和朋友以及努力工作，不給對方太大壓力，也給自己成長的空間。這樣不好嗎？

我真的很想告訴每一個在愛情裡的人：**請你，別把戀愛活成自己的事業。別除了愛一個人，一無所有、一事無成。**那麼當你分手的時候，你會發現自己有朋友，起碼他們能在你悲痛欲絕的時候拉你一把；你有事業，起碼能奮力工作，情場失意職場得意；你有錢，再不濟也能出去旅遊，五星級飯店住幾個月，馬爾地夫風景看個半年。

你想想，買十幾二十個名牌包，昂貴的化妝品往臉上一抹，腳踩著恨天高昂首挺胸出門，路人向你投來欽羨的眼神，有男生對著你吹口哨。此時的你，還會難過嗎？恐怕就算流著眼淚，都會忍不住笑吧：失戀算個什麼啊？老娘有錢還很美！

你不給的陪伴，自然有騙子來給

幾年前，我在電視臺當記者。

當時有個大姐打電話來，說自己的父親被人騙了，花幾年退休金買了一堆亂七八糟的保健品。

還記得大姐在電話裡惡狠狠地說：「那些騙子就知道騙老人家錢，把我老頭的退休金都騙光了，不叫他買他還買，人老了就蠢得要死。你們幫我勸勸他，錢多怎麼不給我呢？」

隔天我們跑去，發現老人獨自住在一個老舊的房子裡。房屋面積不大，客廳角落卻堆滿了差不多一人高的保健品，好多包裝上都積滿了灰。一看就知道，老人吃不完。

我們跟他聊天才知道，爺爺的老伴早年得病死了，之後就一直獨居。他女兒因為工作太忙，幾乎一個月才來看他一次。

現在我還記得那位爺爺紅著眼睛，顫巍巍地跟我們說：「小張認了我當乾爸啊，比我女兒對我還好。隔幾天就買水果來看我，陪我聊天。他是真的希望我身體好，不是想賺我的錢。」他口中的小張，正是從他口袋裡掏走好幾十萬元的無良保健品推銷員。

當時我們看著這些保健品動輒幾千元的標價，看著他老舊的電視機上擺的全家福相框，半天都說不出一句話。

他女兒很少給的陪伴和關心，賣保健品的都能給。即使是虛情假意，老人的開心卻是真的。這是多諷刺的一件事。

所以你們知道那些無良的保健品業務，是怎麼向老人家推銷的嗎？

不光是看準了老人家怕死的弱點，也不光是用一點小便宜慢慢引他們上鉤，最大的招數，是給他們愛。

隨著世界各國逐漸步入老齡化社會，空巢老人也越來越多，他們最缺的就是愛。這些無良的保健品行銷公司，正是看準了老人們的寂寞。

推銷員輪番上陣，輪流探望少有人關懷的空巢老人。除了時不時送些便宜的禮品或米麵之類給他們，還幫他們做做家事，陪他們說說話。某些推銷員甚至會跪下來幫老人洗腳，背走路不方便的老人上下樓等等。嘴裡喊著乾爸乾媽，比對自己親爹親媽還好。實際上，就只是為了從他們口袋裡掏血汗錢。

很壞吧。可是有什麼辦法呢？你不孝順，自然有人打著替你盡孝的旗號，騙走老人們的信任和一輩子的積蓄。平時過得越是孤獨的老人，越是容易被這種親情攻勢所打動。反正年紀大了，錢拿在手上也沒什麼用處。乾兒子平時對我這麼好，為了我的身體健康而推薦的保健品，不買豈不是傷了他的心？

有段時間，我很愛看網路直播。某天晚上閒逛進一個直播間，發現兩位滿頭白髮的爺爺奶奶正跟網友聊天、唱歌。

頭一次看見這麼大歲數的主播，我好奇，就翻了一下直播簡介。裡面只有這樣一句話：「女兒工作忙，不想打擾她。開個直播自娛自樂，打發一下時間。」

這節目我看了很久。兩位看起來跟我爺爺奶奶差不多歲數的老人，住著布置簡陋的屋子，學著年輕人喜歡玩的直播。不為別的，也許只是為了排解孤獨，沒事打開直播跟陌生的網友說說話，也比兩個人在家每天苦苦等著女兒心血來潮的一個電話強。

就好像我以前一個人住的時候，也會打開電視讓家裡顯得熱鬧。

瘋狂買保健品的老人們，大概也是這樣吧。你不知道他們平時在家有多無聊寂寞。孩子都在忙自己的生活和事業，他們不敢過多打擾。

人老了，就好像被社會遺棄了一樣，在世界的夾縫中苟延殘喘，很少有人關心，也很少有人探望。所以偶爾有人來敲門，老人們都會很歡喜，因為這起碼證明有人想著自己。

敲門的是狼又怎麼樣呢？他們真的太想有個人跟自己說說話了。

你多來看看我吧，求你了。

不光是騙子們打著認乾爹乾媽的旗號騙錢，更可怕的，是這些毫無分辨是非能力的老人在他們的詐騙下，盲目相信保健品真的有奇效，治百病，能代替藥物，生病後拒絕就醫。

有些老人一身病，糖尿病、高血壓、心臟病，卻聽信了保健品推銷員的謠言，死也不去醫院。買了一堆垃圾當飯吃，幾乎家破人亡。

這樣的事情媒體屢有報導。可是身為兒孫輩的我們，往往只顧著斥責騙子無德，罵老人沒腦子，卻沒有想過他們省吃儉用一輩子，為什麼捨得花這麼多錢，踩進毫無療效的騙局？單純就是怕病、怕死嗎？

是，老人家嘛，有退休金，這麼大年紀了沒什麼絕症都能照顧好自己。大家都很忙，要帶孩子忙工作，要和朋友聚會，要出去旅遊，要跟另一半卿卿我我。回家？你以為回家那麼容易嗎？買票多麻煩啊，開車也辛苦。

有些人，寧願花幾天時間出去旅遊，也沒有一天時間回家看看父母。寧願買一堆奢侈品給愛人、小孩，也不願意下單買個足部按摩器給自己的母親；寧願跟喜歡的人聊天到三更半夜，也不願意跟父母視訊一秒鐘。

可是你有沒有想過？長大後，你吝嗇給的愛和陪伴，父母從未主動向你要求。小時候你哭得撕心裂肺的無數個夜晚，他們卻把你抱在懷裡哄著，整夜無眠也沒有絲毫抱怨。

你只是忘了。人總是健忘的動物。

他們從不打擾，只希望你過得好。你卻忘了關心他們過得好不好。

存了一輩子的錢，只是為了換來愛。一擲千金買保健品的背後，是空巢老人一顆顆渴望親情的心。

沒時間回家？沒關係。

你不給的陪伴，自然有騙子來給。

那時我們一無所有，卻有勇氣給對方整個世界

和幾個朋友一起在外面吃宵夜，凌晨一點多，桌上有個男人接到老婆打來的電話。

「好好好，知道了。」

「嗯。跟他們在外面吃宵夜啊，你還要我說多少遍？」

「我就要回去了，你別囉唆了行不行啊？」

他嗓門又大又粗魯，隔壁桌都不禁側目。

旁邊有人打趣：「老婆查勤了啊。」

他很不耐煩地說：「是啊！」

那人問：「怎麼不帶老婆來？」

他回答：「看見她就煩，還帶她出門？」

我瞥了他一眼。雖然他和老婆戀愛期間也沒有多殷勤，但才結婚兩年多，已經到厭煩的程度也有點誇張。

後來席間聊天，那個男人又開始吹牛，說自

己每天在外面打拚，老婆在家帶孩子做家事無所不能。我就忍不住問：「那你對你家有什麼貢獻？」

他理直氣壯：「老子每個月給她生活費還要什麼？」

我冷笑一聲，低頭吃菜。

坐我旁邊的女生跟他是多年好友。她好像看出了我的不滿，拉了拉我的袖子，壓低聲音說：「別看他這樣，其實他對老婆挺好的，起碼讓人家吃穿不愁。不然怎麼會跟他這麼久？

「但說起來，他小時候可不是這樣呢。我國中跟他同班，那時候他人很害羞內向，喜歡隔壁班一個女孩子。據說每天早上天還沒亮他就出門了。走四十分鐘路到女孩子家社區，就為了等她一起步行上學。

「那女生生日之前，他快半年都沒吃過午飯。我們每次去學生餐廳他都在教室自習，好像就為了存錢偷偷送她一個MP3。他家裡全是周杰倫的錄音帶，用來練歌模仿的，因為那女生喜歡Jay。

「後來高三畢業他跟女孩子表白被拒絕，說只把他當朋友。當時他就把家裡所有的周杰倫的錄音帶給丟了。之後他整個人性格大變，變得非常外向，很會撩妹，但對女孩子再也沒那麼用心付出過。」

我看著眼前這個剛剛還說老婆很煩，現在又開始高談闊論的男人，完全無法跟她敘述的害羞少年聯繫到一起。但我也能夠想像。因為十八歲的我們和二十五歲的我們，身邊是不同的人，對戀愛也完全是兩種截然不同的態度。

十八歲的時候，我們喜歡一個人可以為他付出所有。

二十五歲以後，試問誰還有勇氣孤注一擲？

▪

有天晚上坐一個朋友的車出去玩，不知道怎麼聊起了初戀。說起那時候的自己，他是當笑話講的。

「鈴鐺你知道嗎？我當時有夠傻。

「情人節的早上天特別冷，還下著雪。我拿著一束花在她家樓下不敢去敲門，那個年紀也沒手機，等了三個小時她才出來。等待的過程中我居然一點也不急躁，只要想到她收到花時有多雀躍，我的嘴角就會不自覺勾起。我看看樹，看看花，看天上的雲擠在一起，時間就津津有味地過去了。

「那天真的好冷啊，我的心卻非常暖和。真的，現在我都還記得，那時候一想到她，我就會覺得暖和。」他點燃了一根菸，空氣忽然有點傷感。他的臉在黑暗中明明滅滅，有些滄桑。不一會兒工夫，他的語氣又變得輕快：「哎，那時候我怎麼能動不動就等三個小時啊？要是換成現在，哪個女的讓我等十分鐘以上，我立刻翻臉就走。真不知道那個年紀哪這麼多毅力，可能太閒了。」

我知道不是因為閒，不是這樣的。只是我們那時候都很年輕，還對生活中的一切驚喜保有激情，對愛情還充滿了信心和憧憬。

那個年紀的我們，就像梵谷寫給提奧的信：「每個人心中都湧動著一團火，雖然路過的人只能看到煙。」

年輕的時候，我們是怎麼愛一個人的？

我想，應該是窮開心地愛著。

真的，就是窮，而且開心。

• 十五到二十歲──

這時候都沒錢。學生時代，一個月拿著只剛好夠吃飯的零用錢，絞盡腦汁想著跟對象出去約會怎麼玩還能不花錢。

我們逛公園，一圈一圈地來回走，捨不得回家。晚上偷偷溜出來，在小湖邊的長凳上坐著，心怦怦跳，手指碰到手指都會感覺像觸電。

沒有優雅的西餐，只有兩個人同吃一碗泡麵；沒有音樂震耳欲聾的夜店，只有我和你各戴一隻耳機。我們一無所有，除了年輕，卻時常感受到幸福的暈眩。

但那個年紀裡傻傻地付出，你以為就像埋頭耕耘的農夫總會有結果，但多數得到的是背叛和忘卻。

後來呢？

• 二十二到三十歲──

我們走入社會，開始妝容精緻，或西裝革履。戴著千篇一律的面具，應付各形各色的人。我們現在有錢了，比以前多好幾十倍的錢。

愛一個人的能力還在，驅動你無怨無悔付出的力量卻消失了；你還會付出，但下意識總有保留；你也真心待人，但再不會毫無戒備。

孩子和成年人的很大一個不同，就是成年人更警惕，更保守，害怕受傷。

如今的成功男人追女孩子可以用錢砸，帶她去百貨公司瘋狂購物，隨便刷卡。但他們願意給的愛，也許就僅限於給你花錢。他們可能不會捨得花太多時間陪你，更不會在約會的時候，耐心等你半個小時。

成熟的女人也會舉止得體，不作不鬧。生日給你選購貴且有質感的禮物，應酬場合會依偎著你靜靜微笑。但她再也不會像十年前的小女生一樣，偷偷拿著手電筒在被窩裡寫情書給你，為了做個愛心便當就甘心在家研究一整個下午。

後來我也聽過，中年男人在酒店點「大學生」的檯，卻只是叫她幫自己寫考卷的段子。

我笑了半天，接著心下惶然。

有些人，一輩子都在心裡祭奠和懷念那個死在過去的孩子。

車上跟我聊初戀的朋友後來說了一段話：「鈴鐺你知道嗎？我現在想起初戀女友，最對不起她的就是那時候太窮了。我什麼也沒買給她過，但她把自己的所有都給了我。當時我發誓以後一定要努力賺錢，給她買所有想買卻買不起的東西，給她一個屬於我們的家。但現在我有錢又有時間，在身邊的卻不是她了。」

是這樣的。

後來我們遇到的人越來越多，耐心也越來越少。早已經失去了那份青澀的悸動，滿腦子湧動的全是情欲，哪裡還記得當時第一次牽手接吻都會傻笑激動好幾天？

是人不對？但如果是對的人，兜兜轉轉總會在一起。

是時間不對？但現在跟你並肩而走，相視而笑的成熟伴侶，他曾經一定也有過一段莽撞又毛躁的時期。

有人總說忘不了初戀，不是這樣的。其實說忘不了初戀的人，難忘的只是年輕時那個奮不顧身、全心投入的自己。那時候我們一無所有，卻有勇氣給對方整個世界。

後來我們什麼都不缺，卻漸漸在感情裡計算得失，權衡利弊，總責怪別人給自己太

少。但你不願付出，怎麼能要求別人對你有多用心？

你以為白玫瑰其實是飯粒，紅玫瑰是蚊子血，真相不過是朱砂痣和白月光都老了，而你的心也變了。

後來的每一段感情，你都會問：「親愛的，你希望十八歲認識我，還是二十五歲認識我呢？」

我想了半天回答：「十八歲相遇，你給不了我很多錢，卻能給我很多愛；二十五歲相遇，我刷爆你的卡很爽，但偶爾心裡還是會覺得孤單。如果能選擇，可不可以在十八歲愛上你，在二十五歲嫁給你？如果從始至終愛的都是你一個人，那麼我會見證你從青澀到成熟，從衝動到沉穩。你的好與壞，我全都要見證。」

這是不是最好的結局？

假如，我說假如，最終我們還是會離散，那麼我希望你就算受過一萬次傷，也能永遠相信愛情，也能一直保持初心。

在正常的年紀結婚，才是正常人嗎

妍妍快瘋了。

二十八歲還單身的她，一直被父母強迫相親。本來也沒什麼，反正沒男朋友。

可是你知道嗎，當你坐在相親的餐桌上，像一塊待宰的肥肉，看著對面那個顏值負分、吝嗇猥瑣的男人，你就會清楚地知道：在介紹人眼裡，你是什麼樣的貨色。

曾經妍妍的追求者也不少。但當時她是父母寄予厚望的乖乖女，為學業無心戀愛，一路讀到研究所畢業。現在居然淪為打折下架貨被人挑挑揀揀。

似乎女人只要過了二十八歲，優點再多都抵不過年紀這一項扣分。

說回到相親對象。聊不來都算好，最受不了的是那些奇葩直男癌。旁敲側擊問你是不是處女啊，會不會做飯啊，薪水能不能養家啊，家裡能不能幫你買房子啊，以後能不能辭職帶孩子啊。

在第N次被桌對面的猥瑣男像挑剩菜一樣挑三揀四之後，妍妍說她再也不想去相親了，也再不急著找對象結婚了。哪怕一直等不到合適的人，一輩子不結婚也好，她也不想再像個滯銷品一樣，急匆匆把自己往外丟了。

她媽一聽急了，說眼光別那麼高，也不看看自己什麼條件。

她爸在一邊附和：嫁豬嫁狗也好。隨便在大街上拉個人，都一定要結婚，甚至結了再離都行。做人不能太自私啊，不然我們在外面怎麼抬得起頭？

是的。在很多人甚至親生父母眼中，女人結婚就是一輩子的頭等大事。你的婚姻，關係到整個家族的面子。

你要是嫁得好，前半生成績再差、學校再爛、工作再垃圾，也都是圓滿的人生；要是嫁得不好，乃至到了適婚年齡還沒對象，那你就是魯蛇、廢物，就是心理有問題。

我就親耳聽一個男生說過：「那個小玉啊，都三十歲了還沒結婚，肯定心理有問題，不然怎麼沒男人要？三十歲還單身的，不是性格有缺陷、心理有毛病，就是男朋友換得太勤，私生活太亂。」

我氣得不行，反問：「那三十歲還沒結婚的男人呢？」

他驚訝地看了我一眼，彷彿看著一個弱智：「男人三十歲還沒結婚很正常啊，男人是越老越吃香的。有了一定的經濟基礎以後，什麼樣的女人追不到？」

他口中三十歲還沒結婚的「有問題」的小玉，我也認識。她並不像他所說的有心理缺陷，而且脾氣很好，只是性格內向所以交友圈狹窄。也並沒有像他說的一樣私生活太亂，她每天除了上下班就是在家寫寫字、養養花，最常見面的異性就是爸爸。

■

你為什麼三十歲還沒結婚？

我相信除了某些眼高手低、自己醜還嫌別人醜的女生之外，還有一些人之所以單身，只不過還沒遇到一個能讓自己心甘情願走入圍城的人。

她們都很好，只是被耽誤了。有的是被一段錯誤的長跑戀情而耽誤，有的是被父母曾經對戀愛極力反對而耽誤，有的是被自己的無限被動、內向和膽小而耽誤。

不是沒有努力過，但是愛情這個東西如此玄妙，又怎麼能強求呢？

還有些人，就是覺得婚姻沒那麼重要，也不想被束縛，覺得一個人過得要比兩個人幸福，能有更多的時間追求夢想。自己的人生難道不是自己主宰嗎？結不結婚都只是一種生活態度而已，怎麼就是有問題了？

想結婚還不容易？只要能接受同床異夢，只把婚姻當作利益交換，只是搭夥過日子，結婚就跟菜市場買菜一樣簡單。可這種婚姻代表著什麼？代表著被束縛，沒兩年就被迫生孩子，每天擔心老公出軌，處理亂七八糟的婆媳關係、繁雜的家事。

兩個人在一起過日子，沒有愛情做基礎，沒有三觀合拍做潤滑劑，這樁生意就很容易一拍兩散。到時候頂著一個「離異」的名號，難道就比大齡單身更美好嗎？

人不是畜生，到了一定年紀就該拉去配種；人也不是機器，人生的每一步都計算精密毫無偏差。

難道一個人，就必須在適婚年齡跟另一個人結婚才算正常人，才能證明他的父母也是正常人？

可如果為了不承擔壓力而開始一段婚姻，互相不考慮對方的人品性格，不考慮是否有共同愛好和契合的三觀，這樣的人生和鹹魚有什麼區別？

有時候真的感覺女生在男權至上的社會框架中，活得太艱難了。沒有男人，沒有婚姻，就必須要活在輿論之下。

在很多人看來，女人只有結了婚生了孩子，才算有了自己的人生價值。要趁著年輕漂亮把自己推銷出去，免得人老珠黃被罵「老處女」。女人的成功，似乎也必須要依附男人。前半生打拚的是自己的人生，後半生嫁得好才是世俗意義上的人生贏家。

你升職加薪又怎麼樣？還不是沒結婚。

再優秀也沒用，還不是沒男朋友。

所以任何一個結了婚的中年婦女，在單身的你面前，都能挺直腰杆。不知為何，你也會感覺自己好像矮了一截。

女人的價值，真的一定要體現在家庭或者丈夫、孩子身上嗎？

我從來不認為「正常人的特徵就是接受一切」。

比如接受也許一輩子都等不到真愛，所以隨便拉個人湊合；接受年紀大了，就必須完成結婚生子的任務；接受不應該期待愛情，真實的婚姻其實是毫無品質可言；接受想要不被戳脊樑骨，就必須要跟所有人走上一模一樣的路。

可是世界上最難過的事，莫過於你迫於壓力跟別人結婚，未來遇到那個對的人，卻已經失去了追求眞愛的權利。

電影《剩者為王》裡，有這樣一段臺詞：「命中注定的人也許是在哪裡迷路了吧，或者他被路邊小吃的美味耽擱了行程嗎，還是被一次風暴一片蘆葦的海拖延了腳步？他來得著實有些晚，他來得姍姍又姍姍，讓我不得不懷疑。我像被無數泡沫哄抬著的船頭，高高地在波濤中揚起最後重重摔下那樣不得不懷疑，也許他根本就不會出現，他根本就不存在。」

他是迷路了，還是不存在呢？你時時刻刻這樣問著。一隻手掛在懸崖邊的你，已經快撐不下去。

我知道你會急。我知道你會因為周圍所有人的急，而不得不著急。我也知道你幾乎就要放棄了，放棄了等一個人而隨便將就一段婚姻。

因為這才能讓你看起來不像個三十歲還沒結婚的「有問題的人」，才能讓你看起來像跟大多數人沒有區別的「正常人」，讓家人能在坊間抬起頭來，讓閒言碎語都歸於平靜。

可是即使這輩子都要一個人，我也衷心希望你不要輕易放棄。在等待的過程中，讓自己變成更好的人，然後遇到最好的對方。

「為了找到對的你，我選擇剩下自己。」

一輩子沒美過，該有多難過

早上出門，我經常會在電梯裡和樓下遇到一個正要出去運動的阿姨。她四五十歲的樣子，總穿一套黃色運動服。一張素顏看起來有些滄桑。見得多面熟了，每次我都會笑笑和她打招呼，偶爾聊兩句。

這天我剛出電梯，居然看到她在電梯口，背對著我朝消防栓照鏡子。她發現我出來，趕緊轉過身，一臉不自然地笑了。我這才發現她燙了個新髮型，還染髮了。

我怕她尷尬，於是搶著問：「燙捲髮啦？」

「是啊。」她笑得眼睛都瞇起來了，「好看嗎？」

「蠻好看的，很適合你，看起來年輕好幾歲。」

我看著她自信了許多的笑容，由衷地誇獎。

她聽了很開心：「你別笑我。年輕的時候沒

燙過頭髮，老了反倒想臭美了。」說完她轉過身，又對著消防栓整了整頭髮，嘆了口氣。

「可還是老了啊，再怎麼搞也頂多年輕幾歲，回不到二十囉。」

▪

我想起了一個女清潔工。那是以前看過的一則新聞。

這個三十歲的女清潔工，靠自己微薄的工資養家糊口。四五歲的女兒沒錢上幼稚園，每天跟著她到處走，好幾次還差點被車撞。家裡，躺著一個因事故偏癱的老公。

她對記者說，孩子剛出生，丈夫就出事了，自己已經照顧了老公五年。一個弱女子，做著一份高勞動力的工作，擔負著一個家庭的重擔，生活之艱苦，可想而知。

報導的具體內容我已經記不太清，但我直到現在還印象深刻的，是裡面配的一張女清潔工的大頭照。照片裡，她眼神黯淡，膚色晦暗，臉上皺紋橫生，嘴角下垂，顯得表情特別淒苦。一看就是被生活百般摧殘過的樣子。

完全不像三十歲。不，連四十歲都不像。至少，應當是五十多歲的樣子。

其實從她的五官能看出來，她曾是很美的：大眼睛，高鼻樑，臉型也很流暢，是標準傳統中國美女的模樣。可命運那麼嚴苛，美麗被埋沒。

當時我嘆了一口氣，心裡覺得好可惜。

所以當後來看到替清潔工免費化妝拍寫真的新聞——那些妝前妝後判若兩人、年紀看起來至少相差二十歲的面孔，讓我突然又想起了她。

報導裡，她說那年才二十五歲的自己，每天就為了生計而奔走。頂著一張枯乾的臉，天未亮就在大街上清掃，揚起的灰塵就好像不堪的生活一樣。彼時和她同齡的女人，可能正容光煥發，在家裡柔軟的床上舒舒服服地躺下，聽著輕音樂，臉上敷著蠶絲面膜。

女人的青春就那麼短暫，從來沒美過的人該有多可憐。

最可怕的是人生才過了不到三分之一，就能一眼看到頭了。很多人，早早就被洗腦了這一輩子就是個平平無奇的普通人的設定。

比如我一個朋友，從我認識她開始，她的頭髮就是萬年不變的清湯掛麵，從不染色也不做髮型。她也不喜歡逛街，在我眼裡，她可能覺得吃喝拉撒之外的消費全是浪費錢。

皮膚很差也不保養，臉上的毛孔粗大到能卡進一盤芝麻。

才二十幾歲，她的衣櫃裡居然只有寥寥無幾的幾件衣服，全部是灰撲撲的顏色。春夏秋冬都囊括了，一眼就能看完四季。

這樣的一個女生，我原本以為她是不喜歡打扮的。後來我跟她一起上廁所，出來的時候她看見我在補妝，羨慕地問了一句：「你那個口紅顏色好好看啊，多少錢買的？」

那時候我才知道，原來她對美也是有感知的。

後來她告訴我，她不是不想打扮，也不是不嚮往讓自己變得好看，而是因為她有個口不擇言又極度保守的母親，覺得喜歡打扮自己的女生都是婊子。

國中剛懂得愛漂亮的時候，她跟著同學去打了耳洞，被震怒的母親扯著頭髮暴打，之後被關在門外一晚上。那天夜涼如水，她哭著敲了一晚上門也沒人應。聽著外面的蟬鳴，裹著輕薄的單衣，她突然感覺到後悔和羞愧。她把耳洞裡的防過敏棒摘了下來，心裡剛萌發的愛美意識，就這樣悄無聲息地熄滅了。

這樣的事情一直到大學畢業也沒停止。工作幾年了，買衣服被母親看見，她還是會被罵奢侈敗家。她一直沒學會化妝，因為她不想當媽媽嘴裡擅長勾引人的小賤人。每次在街上看到喜歡的精緻首飾，她腦海裡就會浮現母親偏激癲狂的樣子：「你這個小婊子，打扮給誰看……」

長此以往，她變得沉默寡言。

這樣樸素又內向的她，當然找不到男朋友。然後又會被指責，說她找不到人要，都是因為性格有毛病、太孤僻。

她漸漸活成了一個在斑斕的彩色世界裡，安靜的灰白色的人。

我知道一定有人會說，美是膚淺的，沒必要長篇大論闡述。人該注重內在，而不是出於虛榮心在乎外表。

可是真正的優秀，難道不是內外兼修嗎？

這個世界上，有很多把內心打造得金碧輝煌，外在卻忽略得一塌糊塗的人。

談生意也需要開豪車戴金表來展現自己財力雄厚，也需要衣服上纖塵不染、外表乾淨、有親和力體現對人的尊重。戀愛最先是看臉，始于顏值才會陷於才華再忠於人品。

就連求職，美好的外表也會給面試加分。

你說外在重不重要？

在我看來，其實每個人都有讓自己變得更美好的潛力。可是最終淪於平凡，卻各有各的理由。

有些人因為生活太艱難，已經沒空想好不好看的事。每天忙到焦頭爛額，滿腦子只有生計。有些人受從小的教育影響，覺得美是一件可恥的事情，嘗試打扮的時候會覺得羞愧。有些人甚至從沒想過女人居然是該美的……

懵懂了一輩子，突然有一天從鏡子裡看到下垂的胸部和渾身的鬆弛褶皺，它們很可能會跟隨自己一直進入墳墓。這時才彷彿從夢中驚醒。

我前半輩子，到底做了什麼？

你可能會告訴自己：現在沒必要愛美。以後吧，以後有能力了再講究這些。可是「以後」二字，有時候只是一種托詞。人生無常，很多事情總是後會無期。

若能在能力範圍內，把自己打扮得精緻一點，早上就從鏡子裡看到那個自信閃耀的自己，難道不會讓你一整天都心情美好嗎？

去學穿搭和化妝吧，去換個新髮型吧，去健身塑形吧，對自己好一點。女人一定要活得精緻，為什麼要讓自己那麼普通？一臉滄桑、橫生贅肉的你，在人群中面目模糊，此刻就算和命定的他擦肩而過，也不能給對方留下任何印象。

別做一輩子沒美過的女人。五十歲再想到打扮，就算美也總有些缺憾，因為少了年輕的身體。那時候你會不會覺得有一絲惋惜？

當你整個人狀態是向上的，面容光潔姣好，體態優雅輕盈，你會發現自己會收穫從未有過的自信。生活裡，也不時蕩漾著善意和溫柔。

有能力讓自己變得更好的，一定要去做。別怕什麼用力過猛，多試錯才會成功。

青春雖然很短，但其實也可以很長。

優生活223

當好人，你手裡要有刀

作　　者——姚林君
副 主 編——朱晏瑭
封面設計——李佳隆
內文設計——林曉涵
校　　對——朱晏瑭
行銷企劃——謝儀方

第五編輯部總監——梁芳春
董 事 長——趙政岷
出 版 者——時報文化出版企業股份有限公司
一〇八〇一九臺北市和平西路三段二四〇號七樓
發行專線——（〇二）二三〇六六八四二
讀者服務專線——〇八〇〇二三一七〇五
（〇二）二三〇四七一〇三
讀者服務傳真——（〇二）二三〇四六八五八
郵　　撥——一九三四四七二四　時報文化出版公司
信　　箱——一〇八九九臺北華江橋郵局第九九信箱

時報悅讀網——www.readingtimes.com.tw
電子郵件信箱——yoho@readingtimes.com.tw
法律顧問——理律法律事務所 陳長文律師、李念祖律師
印　　刷——勁達印刷有限公司
初版一刷——二〇二三年七月二十一日
定　　價——新臺幣三六〇元

時報文化出版公司成立於1975年，並於1999年股票上櫃公開發行，
於2008年脫離中時集團非屬旺中，以「尊重智慧與創意的文化事業」為信念。

ISBN 978-626-374-061-7　Printed in Taiwan

當好人,你手裡要有刀/姚林君作. -- 初版. --
臺北市：時報文化出版企業股份有限公司,
2023.07
面；　公分

ISBN 978-626-374-061-7(平裝)
1.CST: 自我實現 2.CST: 生活指導

177.2　　112010875